Andrea Schafroth/Peter Schneider

JUNGBLEIBEN IST AUCH KEINE LÖSUNG

Der Zytglogge Verlag wird vom Bundesamt für Kultur mit einem Strukturbeitrag für die Jahre 2016 – 2020 unterstützt.

Lektorat: Ladina Fessler
Covergestaltung: Adrian Hablützel
Layout/Satz: 3w+p, Rimpar
Druck: CPI books GmbH, Leck

ISBN: 978-3-7296-5047-3

www.zytglogge.ch

Andrea Schafroth/Peter Schneider

JUNGBLEIBEN IST AUCH KEINE LÖSUNG

Ein Buch übers Älterwerden

ZYTGLOGGE

Für Ruth, Heinz und Samuel

Und für Mathias, der mit mir alt wird (AS)

Für meinen Vater, Paul Schneider (PS)

Inhalt

Vorwort – oder warum wir *fast forward* von der Kindheit zum Alter gesprungen sind

Dies ist unser zweites gemeinsames Buch. Das erste erschien vor genau zehn Jahren ebenfalls in diesem Verlag. Mit dem Titel ‹Cool down. Wider den Erziehungswahn› haben wir uns damals in einen Diskurs eingemischt, der uns beiden gehörig auf die Nerven ging: Es war der Höhepunkt des pädagogischen Diskurses der «Grenzen setzen!»-Imperative, der Warnungen vor Tyrannenkindern und der Klagen über den Niedergang der Disziplin, den die 68er-Generation angeblich verursacht hatte. Vieles, was in den damals erschienenen Erziehungsratgebern und warnenden Pamphleten verkündet wurde, war offenkundig absurd und realitätsfremd, dennoch verkauften sich diese wie warme Weggli.

Es war die Zeit der pädagogischen Horrorstorys, der Geschichten darüber, was passiert, wenn Kinder nicht die Strenge, die Rituale und die die Belohnungs- und Bestrafungssysteme bekommen, die sie von Natur aus brauchen. Zucker und Bildschirmzeit wurden zur Bedrohung erklärt und als Gefahr für die Gesundheit und Zivilisation gebrandmarkt. Im Kinderzimmer wurde nichts Geringeres als die Zukunft der Menschheit verhandelt und ausgefochten. Was uns angesichts dieser Gefahren drohte, konnte man im Fernsehen sehen, wenn die «Super-Nanny» die Suppe auslöffeln musste, die sich die bildungsferne Unterschicht mit ihren Bälgern eingebrockt hatte, weil sie nicht aufgeklärt war über die Risiken von Fastfood, Computerspielen und Disziplinlosigkeit.

Inzwischen hat sich die Drohgebärde in der Erziehung zum Commonsense verfeinert. Es ist heute völlig normal, dass Eltern die Bildschirmzeiten ihrer Kinder über eine App kontrollieren; Schulen organisieren obligatorische Elternabende, an denen man gemeinsame Regeln zum Umgang mit den neuen Medien erstellen soll; Pausenkioske verkaufen zuckerfreie Vollkornbrötchen und Teenager essen ganz von alleine nur noch gesundes Grünzeug. Ob das für alle so richtig ist und alles andere die Kinder tatsächlich ins Verderben und die Gesellschaft in den Abgrund führt, ist keine Frage mehr.

Es erschließt sich vermutlich nicht auf den ersten Blick, was unser damaliges Buch gegen vorgestanzte Normativitäten im Eltern-Kind-Verhältnis mit diesem Buch über das Altern verbindet. In diesem Fall gibt es keine Ratgeberliteratur, in denen ein strenges Vorgehen gegen die unbotmäßigen Alten gefordert wird. Aber unter dem Stichwort der Überalterung und dem Deckmantel demographischer Besorgnis und mithilfe der Kalkulationen der Summen, welche an multimorbide Alte verschwendet werden – ungeachtet der Tatsache, dass diese ja doch nicht mehr lange leben – wird eine Ideologie etabliert, die altersdiskriminierend zu nennen recht euphemistisch ist. So wie man auf der Hut sein muss, damit die Kinder nicht zu Tyrannen werden, gilt es auch aufzupassen, sich nicht von den Alten die Butter vom Brot nehmen zu lassen.

Der Diskurs über das Alter zielt eher auf Selbstdisziplin als auf Gehorsam und Kontrolle ab, aber er funktioniert nicht minder normierend: Als alternder Mensch solle man sich rechtzeitig mit seiner Patientenverfügung beschäftigen; man solle sich Gedanken darüber machen, wie man leben wolle, wenn die Kinder ausgezogen sind; man müsse sich mit der Vorstellung eines guten Sterbens beschäftigen. «Als alter Mensch wolle man doch ...»; «... gerade für alte Menschen sei es wichtig, dass ...». Solche Aufforderungen sind zwar nicht direkt erzieherisch, aber doch erfüllt von gütiger Strenge. Über eine Rhetorik vermeintlicher Selbstverständlichkeiten werden abweichende Meinungen und Einstellungen als Uneinsichtigkeit und Starrsinn diskreditiert: Wer anders altern will, als es vorgesehen und durch institutionelle Zwänge vorgegeben ist, wird zum Problemfall und muss sich dann halt auch nicht wundern ...

Wir hatten den laut und überzeugt vorgetragenen Gewissheiten bereits im Erziehungsbuch vergleichsweise schwache Waffen entgegenzusetzen. Eine davon war die simple Frage: Stimmt das eigentlich? Die andere: Wollen wir wirklich auf der Grundlage mit unseren Kindern zusammenleben, dass wir sie als potenzielle Problemfälle oder als Symptome einer kranken Gesellschaft betrachten und sie dementsprechend behandeln und bevormunden? Dasselbe gilt für den Diskurs übers Älterwerden und den Umgang mit alten Menschen, der von diesem Diskurs geprägt ist. All die vorausgesetzten Selbstverständlichkeiten sind keineswegs mehr selbstverständlich, wenn man sie den «Ist-das-tatsächlich-so?»- und «Muss-das-wirklich-so-sein?»-Tests unterwirft.

Wir entwickeln keine steilen Thesen. Allenfalls formulieren wir den Verdacht, dass an den Kindern oder den Alten etwas durchexerziert wird, das mit diesen nur sehr entfernt zu tun hat: ein normatives, oft nostalgisches Gesellschaftsmodell, das nicht trotz, sondern wegen seiner Realitätsferne so attraktiv ist. Einfache Botschaften, Regeln und Rezepte bieten Möglichkeiten zur Realitätsflucht, wie sie auch Heimat- oder Arztromane liefern. In Zeiten, in denen das Gesundheitssystem krankgeschrumpft und bürokratisiert wird, erbaut man sich gerne an der Landarztpraxis von Dr. Jonathan Menschenfreund und seiner treuen Praxisgehilfin Schwester Ingeborg. Und den teuflischen Intrigen der aus der Großstadt zugezogenen Blondine Chantal, deren modernen

Verführungskünsten Jonathan dank der Hilfe Ingeborgs letztlich doch widerstehen kann.

Wir betrachten das Altern in diesem Buch aus zwei Perspektiven: Wir blicken zurück und nach vorne. Zum einen schauen wir auf jene, die noch älter sind als wir; zum anderen auf die jüngere Generation, für die wir den Beginn beziehungsweise das schon weit vorgeschrittene Stadium des Alters verkörpern. Wir sind dabei nicht auf ewige Wahr- und Weisheiten gestoßen und formulieren auch keine tiefsinnigen Aphorismen – höchstens unfreiwillig. Wir melden freilich Widerspruch gegenüber der Tendenz an, das Alter über einen Kamm zu scheren und darüber die simpelste aller Einsichten zu vergessen: dass Individualität mit dem Alter nicht verloren geht. Wobei wir mit dieser «Individualität» nicht die «Individualisierung» meinen, von der Marketing-Abteilungen schwärmen, wenn sie über das Alter reden.

I. Der Anfang

Wann bin ich alt?

(AS): «Altern beginnt mit zwanzig» titelt die Frankfurter Rundschau. «Ab 27 ist man alt!» lautet das Ergebnis einer Studie in einem Fachmagazin. «Ab dreißig geht es bergab» schreibt der Stern. Meine älteste Tochter hat an ihrem 22. Geburtstag mit ihrer gleichaltrigen Freundin darüber geklagt, wie alt sie doch jetzt seien. Früher hätten sie immer etwas vor sich gehabt: Teenager werden mit dreizehn, Alkohol trinken mit sechzehn, Abstimmen mit achtzehn und die letzte offizielle Hürde mit 21, wenn der Alkoholkonsum auch in den USA legal wird. Jetzt seien sie einfach nur erwachsen. Offensichtlich beginnt das Alter, sobald man die Kindheit hinter sich gelassen hat. Wir sind spät dran mit unserem Buch.

(PS): «Alter» ist keine klar definierbare Kategorie – außer als Altersangabe in Jahren. Aber dieses absolute Alter ist natürlich nur ein Aspekt dessen, was wir unter «Alter» verstehen. Wir altern von der Wiege bis zur Bahre, und wann man als «richtig alt» gilt, liegt im Auge des Betrachters. Für einen 17-Jährigen ist eine Dreißigjährige «richtig alt», dann, mit zunehmendem Alter, erscheinen einem solche Altersunterschiede weniger gravierend, bis einem mit neunzig 77-Jährige recht jung vorkommen mögen. Man ist so alt, wie man sich fühlt, so alt, wie es einem der Maßstab, den man auf andere anwendet, vorgibt – und all das variiert noch einmal je nach konkreter Situation. Wobei es auch Situationen gibt, in denen die Alterskategorie kaum eine Rolle spielt oder sich das ‹natürliche› Altersverhältnis (etwa hinsichtlich der gesammelten Erfahrung) umkehrt. Eine 27-jährige Dermatologin hat gewiss mehr Erfahrung mit meinen Hautflecken als ich,

jedenfalls mehr medizinische. Mit anderen Worten, «Alter» ist ein relativer Begriff, alt und jung ist man jeweils nur im Vergleich.

Es macht also keinen Sinn, sich mit steilen Thesen zu überbieten, ab wann man alt ist: ab 21, 30, 65 oder erst mit 90. Das umgekehrte Zahlenbingo zur Frage, bis wann man noch jung ist oder sein kann, wenn man nur will, ist nicht minder stumpfsinnig. Behauptungen wie diejenige, dass Sechzig das neue Vierzig ist, sind allenfalls sinnvoll, wenn man sie auf einen ganz konkreten Bereich bezieht. Etwa darauf, dass heutzutage das Konsumverhalten eines Sechzigjährigen demjenigen einer Vierzigjährigen mehr gleicht als noch vor vierzig Jahren.

Ein Beispiel für die Relativität des Alters: Als meine älteste, inzwischen erwachsene Tochter ein Kind war, fühlte ich mich als Mutter recht jung, mit der mittleren Tochter fühlte und fühle ich mich ‹durchschnittlich› und mit meinem jüngsten 13-jährigen Sohn komme ich mir manchmal uralt vor, zum Beispiel, wenn ich am jährlichen Weihnachtssingen der Primarschule die jungen Eltern beobachte. Treffe ich hingegen Freunde, deren Kinder alle im Alter meiner ältesten Tochter und schon länger ausgeflogen sind, fühle ich mich grün hinter den Ohren. Bei einer Bekannten ist die Situation noch ausgefallener: Sie hat mit zwanzig ihr erstes Kind bekommen, brachte mit vierzig ihr letztes zur Welt und wurde praktisch gleichzeitig Großmutter. Die Frage ist: Wird man früher alt, wenn man jung Mutter wird beziehungsweise hält es einen jung, wenn man spät Kinder kriegt? Oder ist es genau umgekehrt?

Meine Mutter war bei meiner Geburt erst 21 Jahre alt. Das war auch 1957 recht jung. Sie lag etwa drei Jahre unter dem damaligen statistischen Durchschnitt für Westdeutschland, und ich empfand sie auch als eine junge Mutter. Viele Mütter meiner Schulkameraden waren für mich alte Frauen – so wie sie angezogen waren, überhaupt in ihrem ganzen Habitus. Meine Beobachtungen gelten für eine ländlich-industrialisierte Kleinstadt und das Arbeitermilieu. Zudem sind sie natürlich vielfach getrübt durch ihren subjektiven und anekdotischen Charakter: durch die Liebe des Sohnes zu einer flotten Mutter, die unzuverlässige Erinnerung usw. Aber ich glaube, man kann dennoch sagen, dass in jener Zeit mit der Geburt eines Kindes für die Frau ein großer Alterungsschub einsetzte, vor allem in sozialer Hinsicht. Ich kann mir nicht vorstellen, dass das Porno-Genre der «MILF» in den Fünfzigerjahren entstanden ist. Frauen mit einem Kind waren damals weitgehend ‹weg vom Fenster›. Das gilt heute keineswegs, weder für eine Frau, die mit 35 oder 40 Jahren ihr erstes Kind gebärt, noch für eine Zwanzigjährige aus unserem urbanen Milieu. Beide sind auf ihre Art gleichermaßen coole Mütter. Wie alt sie sich jeweils fühlen, hängt natürlich wiederum von den Umständen ab. Als Zwanzigjährige unter Vierzigjährigen fühlt man sich wahrscheinlich sehr jung und denkt sich, dass man in zwanzig Jahren niemals wie jene werden möchte; als Vierzigjährige unter Zwanzigjährigen fühlt man sich eher alt, vielleicht aber auch jung, weil man sich SO alt dann doch wieder nicht fühlt. Was eben damit zusammenhängt, dass das Alter nicht nur im Vergleich entsteht und variiert, sondern auch situationsabhängig schwankt.

Interessant ist jedenfalls, dass das Älterwerden schon in sehr jungen Jahren thematisiert wird und uns quasi ein Leben lang beschäftigt.

Es gibt eben ganz verschiedene Motive, warum man es thematisiert. Die Jungen beschäftigen sich vielleicht mit dem Alter, weil sie erwachsener werden und sich von den Alten nichts mehr sagen lassen oder mindestens doch nicht mehr als Jungspunde abgetan werden wollen. Wer sehr auf sein Aussehen und auf seine Fitness achtet, kämpft schon in jungen Jahren gegen die Symptome des Alters. In dem Fall mag auch Koketterie im Spiel sein, man zeigt, wie jung man sich fühlt, obwohl man doch (angeblich) schon so alt ist. Wie auch immer: Es ist nicht dumm, sich mit dem Alter zu beschäftigen. Es ist etwas, auf das man sich sinnvollerweise früh genug vorbereitet, nicht zuletzt in finanzieller Hinsicht.

Vom «U-» zum «Ü-» und bis zum goldenen Plus

Altern kann man mit zwei unterschiedlichen Modellen beschreiben: einem Zuwachs- und einem Verlustmodell. Kinder beschreiben ihr Älterwerden meistens nach dem Zuwachsmodell, wenn sie es denn überhaupt tun: Sie können zu einem gewissen Zeitpunkt etwas, was sie vorher noch nicht konnten. Sie sind nun nicht mehr zu klein, um alleine dieses oder jenes zu tun. Die Kindheit und die Jugend erscheinen als ein einziger Quell neuer Möglichkeiten. Man übersieht leicht, dass die Gewinne auch mit Verlusten einhergehen. Irgendwann ist Schluss mit dem Nuggi oder Nuschi, irgendwann bekommt man keine Geschichte mehr vorgelesen. Schon die kindliche Geschichte ist eine Geschichte von Weichenstellungen: So viel Neues kommt hinzu, so Vieles wird möglich, aber die Möglichkeiten schränken einen auch ein. Aus den hochfliegenden Erwartungen der Pubertät können schnell einmal Karrierehindernisse werden. Die 10 000 Follower auf Instagram, auf denen in der jugendlichen Phantasie die große Zukunft als Influencer beruht, erweisen sich später als flüchtige Erfolge in einem sozialen Medium, das schon bald als typi-

sches Unterschichtsprodukt gelten könnte. Der Übergang zum Verlustmodell des Alterns kann zuweilen sehr früh beginnen: mit dem Bedauern, dass man dieses oder jenes verpasst hat. Später kommt dann die Klage über die Abnahme des Gedächtnisses oder der körperlichen Kräfte dazu. Aber zugleich wird man möglicherweise auch zufriedener und erfahrener.

Das Altern beginnt also bereits, wenn der Osterhase die Nuggis klaut. Das Zuwachsmodell erscheint mir vergleichsweise kurzlebig: Man wartet eine Kindheit lang sehnsüchtig darauf, dass man dieses kann oder jenes darf, um dann quasi nahtlos von den Us zu den Üs überzugehen. Ü-22, Ü-30, Ü-40 – kaum sind wir den Kinderschuhen entwachsen, erlauben uns solche Alterskategorien, all das zu tun, wofür wir uns eigentlich bereits wieder zu alt fühlen, zum Beispiel am Wochenende im vollen Club die Nacht durchzutanzen, den eisgekühlten Mojito oder die Bierflasche in der Hand. Ü-40-Partys sind gewissermaßen die Fortsetzung der Jugendjahre im adäquaten Altersumfeld. Früher waren solche Kategorien nicht nötig, weil unsere Eltern nicht in die Disco, sondern ins Dancing gingen und damit aufhörten, sobald sie unter der Haube waren.

Ich weiß gar nicht, wann diese «Ü»-Kategorisierung angefangen hat. Vielleicht zusammen mit diesen unsäglichen Einteilungen in X-, Y-, Z-Generationen, die ähnlich nichtssagend sind und die sozialen Veränderungen kaum realistisch abbilden. In den 1950er-Jahren diente das Alter als soziologische Kategorie dazu, die Vorkriegs-, Kriegs- und Nachkriegsgeneration zu unterscheiden. Der Slogan der sogenannten 68er, «Trau keinem über dreißig», war nicht zuletzt gegen die durch den Nationalsozialismus geprägte ältere Generation ge-

richtet. Dreißig, das war damals zudem das Alter, in dem man hoffnungslos erwachsen war und verloren für den revolutionären Umschwung. 1968 war Rudi Dutschke tatsächlich erst 28; die spätere RAF-Terroristin Ulrike Meinhof jedoch bereits 34. Die theoretischen Gewährsleute der 68er wie Marcuse und Adorno bereits um die siebzig. So trennscharf war die Ü-30-Kategorie also nicht. Was die durchtanzten Nächte angeht, so sind die ein ebenso abgehalfterter Topos wie die Nächte, in denen man in der WG-Küche bei billigem Chianti und Spaghetti die Weltrevolution verhandelt hat. Heute sind wir bekanntlich entweder in der FDP oder bei der Toskana-Fraktion der Cüpli-Sozialisten. Einer schreibts bei der anderen ab, und schon verfestigt sich die Anekdote zur alterssoziologischen Struktur. Ich schätze, dass die Ü-Irgendwas-Partys vor allem Singlebörsen sind. Weil man bei den U-Irgendwas-Partys eben zu alt aussieht, hält man sich an die Ü-Partys. Dort hat man wenigstens den gemeinsamen Gesprächsstoff, dass man für so was eigentlich schon zu alt sei.

Die Kategorisierung fängt aber in der Clubszene schon mit den Ü-19- oder Ü-22-Partys an. Die 18-Jährigen wollen nicht mit den 16-Jährigen, die 25-Jährigen nicht mit den 18-Jährigen feiern. Offensichtlich bewegen wir uns ungern in einem Umfeld, in dem wir das Durchschnittsalter heben.

Dass die 18-Jährigen nicht mit den 16-Jährigen und die 25-Jährigen nicht mit den 18-Jährigen feiern wollen, ist verständlich: Die Jüngeren erinnern die Älteren zu sehr an die Krämpfe der Jugendjahre, denen sie gerade entkommen sind. Etwa ab dreißig wächst die Alterstoleranz, die Altersspanne der Freundinnen und Kollegen dehnt sich. Meine Frau ist zehn Jahre älter als ich, beste Freunde sind teils fünfzehn Jahre älter, teils gleichaltrig und teils zwanzig Jahre jünger. Stu-

*dent*innen sind über dreißig bis fast vierzig Jahre jünger als ich, und mit vielen von ihnen kann ich reden, ohne dass die Altersdifferenz im Vordergrund steht. Vielleicht gibt es in gewisser Hinsicht Wissensvorsprünge und in einer anderen Defizite – einmal in dieser und einmal in jener Altersgruppe. Mühsam wird es natürlich immer dann, wenn der Jüngere beziehungsweise die Ältere von nichts eine Ahnung hat, was in der Welt los ist, dann klaffen Gräben auf, die primär nichts mit dem Alter zu tun haben.*

Die Ü-Partys enden mit vierzig, ab fünfzig schlittern wir in die Plus-Generation. Wobei wir uns dieser Alterskategorie frühestens mit sechzig zugehörig fühlen. Der über siebzig Jahre alte Kurt Aeschbacher gibt zum Beispiel das Magazin ‹50plus› heraus. Alterswohnungen werden für Menschen ab sechzig angepriesen, aber vor achtzig interessiert sich kaum jemand dafür. Es scheint, als wäre die Plus-Generation dazu erfunden worden, dass sich die Achtzigjährigen wie sechzig fühlen können.

Das große Alterswunder besteht darin, dass niemand sich so alt fühlt wie er ist, weil ihm die durchschnittlichen Gleichaltrigen soviel älter erscheinen. Das hängt vielleicht damit zusammen, dass unsere Alterswahrnehmung angesichts einer abstrakten Zahl anachronistisch bleibt. Wir beurteilen als Sechzigjährige Achtzigjährige aus der Perspektive eines Vierzigjährigen, als der wir uns oft immer noch fühlen. Und letzteres nicht einmal zu Unrecht, denn die geistige Alterung hält durchaus nicht mit der Alterung in Jahren Schritt. Wir sind heute keineswegs als Sechzigjährige so ‹altmodisch›, wie es Sechzigjährige in den Fünfzigerjahren waren. Wir bedenken aber zu wenig, dass das inzwischen auch für die Achtzigjährigen gilt. Und der beharrliche und real existierende Jass-Kin-

derchörli-Handorgel-Groove der gegenwärtigen Altersheime, der auch vielen Neunzigjährigen ein Gräuel ist, lädt nicht dazu ein, sich mit sechzig als Achtzigjährige zu fühlen.

Allerdings wirken wir auf Zwanzigjährige nach wie vor so alt, wie wir sind. Oder glauben Sie, dass Sie und ich heute jünger und weniger altmodisch wirken als die Fünfzig- oder Sechzigjährigen von vor dreißig Jahren?

Es kommt darauf an, was die Jüngeren unter altmodisch verstehen. Ich sehe zum Beispiel heute so aus wie ich mir mit zehn Jahren einen älteren Herrn vorgestellt habe (und wie ich mit zehn schon gerne hätte aussehen wollen). Für die einen Zwanzigjährigen wirke ich wahrscheinlich wie ein etwas älterer Hipster; für andere völlig unmodisch, weil ich keine praktisch-sportlich-jugendliche Funktionskleidung trage. Die Codes für alt und jung sind in der Stadt anders als auf dem Land und variieren nach Schicht und Bildungsmilieu. Je informierter man als Sechzigjähriger ist, desto jünger wirkt man auf Zwanzigjährige. Entsprechend älter kommen einem 45-Jährige vor, die ihr Dorf für den Maßstab der Welt nehmen. Mit einer 25-jährigen Studentin teile ich dieselben Vorlieben auf Netflix, und wenn nicht, dann liegt das nicht primär am Alter, sondern an einer unspezifischen Geschmacksvorliebe.

Die Werbung bekräftigt das Bild der hippen Alten, in dem wir uns gerne wiedererkennen: Senioren sehen aus wie vierzigjährige Topmodels, einfach mit grau gefärbten Haaren – und bei Fielmann noch dazu mit Brille. Inkontinenz-Einlagen werden uns als modische Accessoires für die «schon länger Junggebliebenen» verkauft. Solche Begriffe, die das Alter mit Hängen und Würgen umschiffen, gibt es zuhauf. Was für ein Eiertanz ist das denn bitte?

Ja, das ist ein doofer Eiertanz. Einerseits. Andererseits funktioniert Werbung eben so. Die zeigt bekanntlich nicht neue Automodelle, wie sie malerisch bei Sonnenuntergang auf einer wunderbaren Allee im Stau stehen. Wäre es außerdem besser, wenn Inkontinenz-Einlagen als Vorboten des Altersheims verkauft würden?

Es wirkt einfach lächerlich, wie die Nöte des Alters zum Lifestyle verklärt werden. Nehmen wir den Begriff «Gold»: Schon als Jugendliche fand ich den Zusammenhang zwischen der «goldenen Hochzeit» und dem «goldenen Schuss» befremdlich. Heute erlebt der Begriff ein Revival, insbesondere im Bereich des Sports, und führt zu allerlei sprachlichen Verrenkungen: «Zumba Gold ist perfekt für aktive ältere Erwachsene» oder «Zumba Gold – ohne hüpfen und springen, für unsere erfahrenere Kundschaft». Ist das «Gold» ein Euphemismus für «verrostet» oder eine Anspielung auf Geld und Zeit des anvisierten Publikums?

Das ist nichts als ein zynischer Euphemismus. Eine Verdrehung der Wirklichkeit. Der Abstieg wird einem als Wertsteigerung verkauft.

Was kommt nach dem «Gold»?
Irgendwann wird es still um die Alten. Keine Üs, kein Plus und auch kein Gold mehr. Punktuell Beachtung finden allenfalls die glücklichen Einzelfälle: Man staunt über den Achtzigjährigen, der noch um die Welt reist, oder über die Neunzigjährige, die alleine für sich sorgen kann. Hundertjährige kommen an ihrem Geburtstag mit Bild in die Zeitung – wenn sie vom Rollstuhl aus die Kerzen ausblasen. Alle anderen verschwinden von der Bildfläche beziehungsweise im Al-

tersheim. Endgültig alt sind wir spätestens, wenn wir marktwirtschaftlich nicht mehr relevant sind.

Wir werden in dem Maße wirklich älter, in dem wir entmündigt werden. Darum altert man im Altersheim besonders schnell. Man kann nicht mehr essen, wann und was man will, nicht mehr auf seinem Zimmer rauchen, kiffen, koksen oder was auch immer – man wird graduell entmündigt. Auch im Sozialen. Man befindet für uns, es sei doch schön, am Vierertisch zu essen und nicht immer alleine auf seinem Zimmer, an den Vortragsabenden teilzunehmen und am Adventssingen der Quartierjugend. Und wenn man hundert ist, kommt die Frau Bürgermeisterin, ob man das nun will oder nicht.

Eigentlich ist es erstaunlich, dass wir jedes Jahr feiern, um das wir älter werden, obwohl uns vor dem Älterwerden graut.

Manche tun das, manche nicht. Ich nicht. Ich mochte schon als Kind keine Kindergeburtstage, und ich mag auch heute nicht im Mittelpunkt einer Feier stehen. Ich schätze, das wird auch mit neunzig nicht mehr anders sein.

Gehören Sie zu jenen, die jedes Jahr laut seufzen, wenn der Geburtstag bevorsteht?

Nein. Mir ist mein Geburtstag wurscht. Ich halte wenig von Ritualen und Feiertagen. Ich mag es, wenn mein Alltag vor sich hinplätschert. Mir geht es außerdem im Durchschnitt besser als vor zwanzig Jahren. Und Sie so?

Ich mag meine Geburtstage sehr; je länger, je lieber – wie jeden Anlass, an dem ich es mir gut gehen lassen kann. Trotzdem frage ich mich: Warum nennen wir das Fest, das unser

Älterwerden dokumentiert, ausgerechnet GEBURTStag, selbst dann noch, wenns vielleicht der letzte ist?

Wir können ja schlecht unseren Todestag im Voraus feiern, oder?

Nein, aber einen Lebenstag oder so ähnlich. Es ist doch komisch, dass wir ein Leben lang auf die Geburt fixiert sind, obwohl wir eigentlich das Altern feiern. Der neunzigste Geburtstag hat ja mit unserer Geburt nicht mehr viel zu tun.

Sie ist immerhin die Voraussetzung dafür. Aber man kann es ja auch sein lassen, seinen Geburtstag zu feiern. Ab einem gewissen Alter kommt dann allerdings wie gesagt die Gemeindepräsidentin zu Besuch und lässt sich mit einem für die Lokalzeitung fotografieren. In diesem Fall hilft eigentlich nur, sich totzustellen.

Das sage ich meinem Mann auch immer, wenn er als Vorstandsmitglied unserer Baugenossenschaft Jubilarinnen ab siebzig einen offiziellen Gratulationsbesuch inklusive Geschenkübergabe abstattet. Aber er behauptet, die Beglückwünschten freuten sich darüber. Ich frage mich, ob deren Freude echt ist oder sie sich nur aus Anstand freuen, respektive ob Sie und ich Snobs sind oder einfach noch zu jung.

Ich bin ja selber nur noch ein paar Jahre von den Siebzig entfernt; einige meiner besten Freunde sind schon drüber, und in meiner Altersbubble ist man tatsächlich so snobistisch wie Sie. Natürlich würde ich mich aus Anstand freuen und wäre gleichzeitig deprimiert. Allerdings nicht, weil die Aufmerksamkeit bekräftigt, dass ich ein bestimmtes Alter erreicht ha-

be, sondern weil der Vereins-Geschenkkorb-Groove mich runterzieht.

Erste Altersanzeichen: Müdigkeit und Matratzen-Talks
Ein Beweis, dass meine Töchter noch blutjung sind, obwohl sie sich bereits über das Älterwerden beklagen: Sie freuen sich nicht, wenn sie jünger geschätzt werden und ihnen der Kellner im Restaurant keinen Alkohol ausschenken will. Ich kann mich erinnern, dass ich bereits mit 27 eine gewisse Genugtuung verspürte, wenn ich am Ticketschalter gefragt wurde, ob ich nicht noch Anrecht auf den Studententarif bis 25 hätte. Offensichtlich ist es also ein erstes Alterszeichen, wenn man sich darüber freut, dass man jünger geschätzt wird.

Eines von vielen möglichen Zeichen. Traditionsgemäß eines, das man in derart jungen Jahren eher bei Frauen findet. Es zeigt, dass Altern ein komplexes Phänomen ist, ein aus ganz unterschiedlichen Komponenten zusammengesetztes Gewebe. Zum Beispiel aus juristischen Normen, die festhalten, wann man etwas darf (Alkohol trinken) oder nur noch unter Auflagen darf (Autofahren, als Ärztin praktizieren). Diese gesetzlichen Bestimmungen sind verwoben mit informellen sozialen Begriffen und Vorstellungen davon, was man in welchem Alter erreicht haben sollte. Altern ist mitnichten ein ganz natürlicher Prozess. Er ist aufgeladen mit Sehnsüchten und Ängsten. Dabei können selbst die ersten Falten ein Sehnsuchtsobjekt sein, weil sie signalisieren, dass man nunmehr dem Alter der Pickel endgültig entwachsen ist und zur Cougar oder zum Sugar-Daddy gereift ist (wenn man denn solche Rollenverteilungen mag).

Noch eine Episode zum Student*innentarif: Vor Jahren habe ich in einem Modegeschäft eine virtuelle Kundenkarte angelegt. Seither zieht es mir dort bei jedem Einkauf automatisch 10% Rabatt ab. Die Reaktionen der Verkäuferinnen oder Verkäufer sind unterschiedlich. Manche machen beim Einkassieren eine freudige Bemerkung in der Art «Ah, Sie haben da übrigens noch 10% Studentenrabatt!». Andere schauen mich zweifelnd an und formulieren die Bemerkung eher als Frage. Ich sage dann jeweils: «Keine Ahnung, woher das kommt; der Rabatt hat sich irgendwie in Ihr System geschlichen, eingegeben habe ich so was nie; aber vielleicht weiß Ihr System, dass ich eine studierende Tochter habe und bringt uns durcheinander.» Wer will schon an etwas rütteln, das automatisch erfasst wurde. Den Rabatt kriege ich wohl noch bis achtzig. Vielleicht könnte ich beim Antworten noch etwas origineller werden: «Ich studiere halt etwas länger» oder «Ich möchte mich aufs Alter hin noch umorientieren und habe ein Medizinstudium begonnen».

Die Antwort mit dem Medizinstudium gefällt mir am besten. Oder man kann auch sagen, dass man leider für sein Alter immer schon sehr alt ausgesehen habe, was leider mit dem zunehmenden Alter noch schlimmer werde.

Wenn man jung ist, klagt man zwar bereits übers Älterwerden, merkt aber noch nicht viel davon. Es kam mir unglaublich vor, dreißig zu werden, und vierzig erst recht. Aber erst ab 43 fiel mir der körperliche Abbau tatsächlich auf. Auch die Altersschätzerei nimmt irgendwann eine neue Wendung: Auf einmal machen einem die Leute Komplimente wie «Sie sehen aber toll aus für Ihr Alter!» und fortan lechzen wir nach jedem Jahr, das man uns jünger schätzt.

Ein tolles Kompliment finde ich auch: «Sie müssen früher einmal eine wunderschöne Frau gewesen sein! Wohl dem, der seine soziale Bestätigung nicht immer schon nur aus seinem Aussehen, seiner Figur, seiner Sportlichkeit bezogen hat – aus jenen Faktoren also, die einen schnell nur noch in seiner Altersliga mitspielen lassen. Im intellektuellen Wettbewerb gibt es solche Ligen nur eingeschränkt: Eine sechzigjährige Molekularbiologin tritt nicht in einer anderen Kategorie an als eine 26-jährige Postdoktorandin. Dafür sorgt, dass beide an gemeinsamen Projekten arbeiten und dass das, was die eine der anderen an jugendlichem Einfallsreichtum voraus hat, die Ältere durch Erfahrung und Wissen kompensiert. Und, dass es institutionelle Faktoren gibt, welche das Konkurrenzverhältnis kanalisieren und dämpfen: Die Stufenleiter der akademischen Karriere kann man nicht hinunterfallen, man kann höchstens stagnieren. Auch wenn man in der Forschung längst von den Jüngeren abgehängt ist, steht man als Institutsleiterin dennoch im Glanz der Erfolge der nachfolgenden Generation da. Und das ist eine stabilere Position als die einer «Missen-Mom».

Heißt das, die Molekularbiologin wird glücklicher alt als Heidi Klum?

Vermutlich. Mindestens weniger angestrengt.

Heidi und Co. machen uns vor, dass äußerliche Alterszeichen wie graue Haare, Falten oder Cellulite jahrzehntelang mit allerlei Mittelchen, Eingriffen oder mittels Photoshop kaschiert werden können. Schwieriger zu bekämpfen ist die nachlassende Energie: Mit dreißig konnte ich nicht verstehen, warum meine Mutter spätestens um zehn am liebsten einfach nur ins Bett sinken wollte. Vor Mitternacht schlafen zu gehen, war für mich unvorstellbar, wenig Schlaf gehörte zu meinem Leben. Inzwischen bin ich selber abends oft so müde, dass ich nur noch ins Bett möchte, obwohl mir das als Nachtmensch sehr zuwider ist. Ich weiß jetzt auch, warum das «Thé dansant» erfunden wurde. Mein einziger Hoffnungsschimmer: Meine inzwischen über achtzigjährige Mutter ist mittlerweile nachts um zwei manchmal frischer als ich sie in meiner Kindheit je erlebt habe.

Me too. Bis etwa dreißig war ich ein Anbeter der Nacht; heute gehe ich eher um zehn ins Bett – senile Bettflucht in umgekehrter Richtung. Das könnte sich aber auch wieder ändern, denke ich. Wenn es zum Beispiel egal wäre, wann ich am Morgen aufstehe.

Ein untrügliches Alterszeichen ist auch, wenn das Smalltalk-Thema Nummer Eins nicht mehr das Wetter, sondern der Schlaf ist. Die Schlafqualität wird zu einer Art Obsession. Morgens berichten Paare einander, wer in der Nacht wie oft aufgewacht und wie lange wachgelegen ist. Unter Gleichaltrigen tauscht man sich darüber aus, dass man am Wochenende nicht mehr ausschlafen kann, dass einem früher die Kinder den Schlaf raubten und heute die senile Bettflucht.

Da kann ich leider nicht mitreden. Beziehungsweise nur als Smalltalk- und Spielverderber. Schlaf ist nämlich mein einziges Hobby, dem ich leidenschaftlich gerne und bis jetzt auch sehr erfolgreich nachgehe. Da ich in der Regel früh aufstehen muss, bedeutet das, dass ich entsprechend früh ins Bett muss, wenn ich genug schlafen will. Das Tollste aber ist, dass ich dann auch schlafen kann.

Sie Glücklicher. Und wie geht es Ihnen beim Thema Matratze? In meinen jungen Jahren als Reisejournalistin zeigte man mir in berühmten Nobelhotels die Suiten, wo demnächst Madonna oder Mariah Carey logieren würden. Besonders faszinierte mich, dass die Hoteliers mir jeweils lange Vorträge über die Qualität und Exklusivität ihrer Matratzen hielten: Die seien so toll, dass die Stars sie oft sogar für ihr Eigenheim bestellen wollten. Damals hielt ich solche Vorlieben für eine Extravaganz jener Schicht, die nicht weiß was anfangen mit ihrem vielen Geld. Heute habe ich größtes Verständnis dafür. Mit 36, nach der Geburt meiner zweiten Tochter, hatte ich erstmals eine Erleuchtung, als ich mich erschöpft auf ein Hotelbett fallen ließ: Welch' herrliche Matratze! Zehn Jahre später fing ich an, ernsthaft über die Qualität meiner eigenen Matratze nachzudenken. Heute träume ich von der besten Matratze der Welt, auf der ich zum Murmeltier mutiere, wie andere von einem Rolls-Royce. Ich diskutiere mit meinem Mann oder mit Kolleginnen über den perfekten Härte- bzw. Weichheitsgrad und denke dabei manchmal: Was bin ich doch alt geworden! Immerhin stelle ich fest, dass sich vermehrt auch jüngere Leute Gedanken über Matratzen machen, und zwar nicht nur solche aus der Promiszene. Vielleicht liegt es nicht am Alter und ich bin einfach trendy.

Ihre Matratzenmarotte, die ich teile, ist nur ein Beweis mehr, dass Trends beziehungsweise das Alter im Auge des Betrachters liegen. Wichtig ist übrigens auch das perfekte Daunenkissen: Es darf nicht zu dünn und nicht zu dick sein, nicht zu sehr gefüllt und nicht zu weich.

Dafür gibt es in Hotels sogar Manuale und Menüs: Große Kissen, weiche Kissen, Daunen-, Allergiker- oder Hirsekissen. Mit dem Alter kommt der Gesundheitsfaktor dazu: wärmende Kirschsteinkissen, Nackenstützkissen oder wissenschaftlich getestete «Technogelkissen mit einer speziellen Noppenstruktur und einem viscoelastischen PUR-Schaum». Jedenfalls eröffnet sich uns da eine ganz neue Welt an Accessoires! Ich frage mich nur, warum das Zeugs immer so hässlich aussehen muss. Überhohe Matratzen, die an Spitalbetten erinnern, Pastelltöne, bei denen einem schlecht wird. Wird man im Alter geschmacklos oder hat man einfach kein Recht mehr auf Ästhetik?

Es sieht so aus. Ich glaube aber, dass wir es hier mit einer Wahrnehmungstäuschung zu tun haben. Die Mode der Teenies ist nicht besonders geschmackvoll, der Inhalt von Kinderzimmern ästhetisch mehr als zweifelhaft. Gut angezogen zu sein, sich mit schönen Dingen zu umgeben, ist nicht vorderhand eine Frage des Alters, sondern eine Frage des Geldes.

Im Fall der ausgeklügelten Kissen und Matratzen ist es kaum eine Frage des Geldes, die sind ja meistens sauteuer. Außerdem sind Kinderwagen heute auch um einiges schöner als vor zwanzig Jahren. Warum soll das beim Nackenstützkissen oder beim Rollator nicht möglich sein? Kinderwagen mit Blümchenmuster, Omas in beigefarbenen Schlabberhosen – diese klischeehaften ästhetischen Kategorien bezüglich Alter oder Lebenssituation könnte man doch wirklich überwinden.

Es wäre ein sinnvoller Beitrag der Hipster-Generation zur Verschönerung der Gesellschaft.

Senile Feuchtgebiete

Immer diese Tränen: Seit ein paar Jahren laufe ich bei jedem noch so lauen Lüftchen tränenüberströmt durch die Gegend. Das ist nicht nur unangenehm, sondern auch ein bisschen peinlich. Später wird es bekanntlich noch schlimmer, wenn zum Beispiel die Nase läuft, ohne dass man es merkt. Was empfehlen Sie gegen solche und alle weiteren nervigen Unannehmlichkeiten des Alterns, etwa das Übel, dass einem ständig was zwischen den Zähnen stecken bleibt?

Fragen Sie Ihre Ärztin oder Ihren Apotheker. Ich habe keine Ahnung. Sondern nur dieselben Probleme – vor allem mit dem linken Nasenloch.

Nicht nur Wind und Wetter bringen Tränen, sondern auch eine zunehmende Rührseligkeit. Im Kino erfasst mich oft bei den allerplattesten Kitschszenen eine Flut von Emotionen, dass es mir die Tränen in die Augen treibt.

Da sind wir unterschiedlich. Ich war immer schon rührselig.

Ich sorge mich einfach um meine Zurechnungsfähigkeit, wenn die Rührseligkeit so unmotiviert kommt. Wenn mich zum Beispiel ausgerechnet das drittklassige Happy End einer Liebeskomödie rührt oder ein besonders klischeehafter Satz, mit dem eine Mutter ihr Kind ermutigt.

Vielleicht kann man es sich ab einem gewissen Alter leisten, nicht mehr immer cool zu sein; das ist wiederum sehr cool, finde ich.

Stimmt. Wenn sich meine Kinder für mich schämen, weil ich zu direkt bin oder zu auffällig tanze oder sonst was tue, was in ihren Augen uncool ist, sage ich immer: Es ist ein Privileg des Alters, dass man sich peinlich benehmen darf. Endlich ein Alterszeichen, das Freude bereitet.

Ganz meine Meinung. Vor Kurzem habe ich am Telefon eine schätzungsweise 25-Jährige, die mich wie einen Idioten behandelte, mit den sehr altmodischen Worten «So nicht, jun-

ge Dame» abgefertigt. Das war kein schlechtes Gefühl. Leider kommt dann aber später die Zeit, in der man diesen Altersbonus wahrscheinlich nicht mehr mit demselben Vergnügen ausspielt – zum Beispiel gegenüber einem nervigen, unangenehmen Jungspund von der Spitex, von dem man schließlich abhängig ist. Der Spaß an der Peinlichkeit hört dann auf, wenn man die Dinge schlicht nicht mehr auf die Reihe kriegt. Bei aller Freude an der Peinlichkeit sollte man außerdem bedenken, dass man tatsächlich peinlich werden kann – zum Beispiel in der Rolle des zornigen Alten.

Je schneller desto langsamer

Ein Alterszeichen, das ich in meiner Jugend besonders peinlich fand, registriere ich inzwischen bei mir selber: den Drang, früh dran zu sein. Lieber eine Viertelstunde einkalkulieren für eine Distanz, die man in fünf Minuten schaffen würde. Eine halbe Stunde vor Zugabfahrt am Bahnhof sein. Bis vor Kurzem war ich diesbezüglich das pure Gegenteil, hetzte stets in letzter Minute aus dem Haus, legte den Weg zum Tram meistens rennend zurück. In letzter Zeit passiert mir das nicht mehr so häufig. Es kommt vor, dass ich meinen Kindern davonlaufe, wenn sie nicht parat sind, einfach weil ich keine Lust habe zu rennen. Ich bin auch gerne etwas früher am Bahnhof, um mir noch einen Kaffee zu holen. Zwar bewege ich mich immer noch recht oft gehetzt durchs Leben, aber ich habe keine Lust mehr darauf. Ist diese Entdeckung der Langsamkeit eine Kapitulation oder doch eher eine Errungenschaft des Alters?

Auf die Gefahr hin, etwas schön zu reden: Ich glaube, es ist vor allem eine Errungenschaft. Es gibt Dinge, die ich nach wie vor sehr zügig erledige: Kochen zum Beispiel. Oder Einkaufen. Ich sitze auch nicht gerne eine Stunde vor Abflug be-

reits am Gate. Am Bahnhof reichen mir zehn Minuten Zeitvorsprung auf die Abfahrtszeit des Zuges. Aber rennen mag ich auch nicht mehr, und erst recht mag ich nicht gehetzt werden. Vielleicht ist die Alterslangsamkeit auch eine Art nachträglicher Trotz gegen all die Hektik, in die man sich in früheren Jahren allzu nachgiebig hat verwickeln lassen beziehungsweise die man selber verbreitet hat.

Vielleicht ringt man dem Leben mit der Langsamkeit einfach ein Stück Zeit ab. Je älter ich werde, umso mehr habe ich das Gefühl, dass ich dem Leben stets ein Stück hinterherhinke. Kaum ist Freitag, ist schon wieder Montag und einen Atemzug später ist die Woche auch schon wieder vorüber. Der einzige Vorteil dieser rasenden Zeit: Während ich früher tief traurig war, wenn der Sommer vorbei war, bin ich diesbezüglich heute gelassener – schließlich ist der nächste Sommer im Nu da. Leider lohnt es sich aber auch nicht mehr, den Christbaumschmuck jeweils im Keller zu versorgen.

Die Zeit rast, wir rasen mit und werden gleichzeitig langsamer. Eigentlich mag ich dieses Gefühl. Es relativiert die Dinge. War der Sommer verschissen, ist das nicht so schlimm, denn nach ein bisschen Schneematsch steht der nächste schon wieder vor der Tür. Gleichzeitig dämmert es einem aber auch, dass einem nicht eine unbegrenzte Zahl kommender Sommer zur Verfügung steht. Die einen versetzt das in eine leichte Panik, bei anderen mag es den Gleichmut noch erhöhen.

Oder beides. Das Alter bringt Gelassenheit mit sich, man fürchtet sich zum Beispiel nicht mehr ständig davor, etwas zu verpassen, und ruft nicht bei jeder Wolke am Beziehungshimmel den Notstand aus. Beim Gedanken an die Begrenztheit der Zeit kommen aber gleichzeitig panikähnliche Gefühle auf. Die Geschwindigkeit, mit der die Zeit vergeht, offenbart uns aber nicht nur die Begrenztheit der Lebenszeit. Sie macht uns im Alltag auch ganz konkret zu schaffen: in der Arbeitswelt, am Computer, auf Reisen. Dass wir nicht mehr aufs Tram rennen mögen, ist nicht nur ein Zeichen einer gewonnenen Gelassenheit. Da die gedrosselte Geschwindigkeit auch anzeigt, was mit den Jahren folgt, kann sie auch mit einer inneren Unruhe einhergehen. Sie ist gleichsam Vorbote jener inneren Panik, die ältere Menschen erfasst, weil sie vieles, was früher selbstverständlich war, nicht mehr so einfach schaffen, etwa in einen Zug oder aus dem Tram steigen.

Das ist die Kehrseite: Die Zeit rast, aber irgendwann rasen wir nicht mehr mit, sondern stehen da im Strom der Zeit wie bestellt und nicht abgeholt.

Ein schönes Bild, aber die Botschaft ist bitter.

Leider ja. Man kann dann nur noch hoffen, dass man auf eine freundliche Art Mitleid erntet.

Vielleicht hat es etwas mit diesem «Nicht-Mithalten-Können» zu tun, dass der Drang nach mehr Gelassenheit im Alter zunimmt und damit auch der Wunsch, sich diese mit allerlei Methoden und Kursen anzueignen: Meditation, Atemübungen, Entspannungstraining.

Nicht mein Ding. Alles, was mich entspannen soll, macht mich nur verspannter. Zur Schau getragene Entspannung bei anderen macht mich nervös. Die einzige Entspannung, die ich hinkriege, ist das, was meine Frau «Ikea-Gefühl» nennt: eine Art Katatonie, die mich befällt, wenn ich an einem Ort bin, an dem ich lieber nicht sein möchte – eben bei Ikea oder in der Schlange beim Einsteigen ins Flugzeug. Leider kann ich diesen Zustand nicht selber steuern. Er fällt mich einfach an.

Schade, das wäre ein gutes Kursangebot. Ich bin auch nicht gut in diesen Dingen. Bei Massagen warte ich immer darauf, dass sie endlich vorbei sind und die sanfte Musik macht mich nur nervös. Auch eine Atemübung zum Einschlafen, bei der man beim Einatmen auf vier und beim Ausatmen auf acht zählen soll, hat bei mir nicht funktioniert, weil ich vor lauter Zählen ganz angespannt war. Aber ich wäre manchmal schon gerne gelassener. Sie hingegen scheinen von Natur aus entspannt durchs Leben zu gehen.

Ich glaube, was mich in meinen Dreißigern und Vierzigern vor allen Dingen gestresst hat, war ein Drang, originell und polemisch sein zu müssen. Vielleicht hilft es dabei ruhiger zu werden, wenn man früher mal durch das Stahlbad der Originalitätssucht gegangen ist und keinen Gedanken zuließ, der nicht um fünf Ecken ging. Nicht, dass ich zu solchen Gedanken nicht mehr in der Lage wäre, aber inzwischen erachte ich solche Kapriolen als überflüssig und unelegant, wenn ich auch auf einfacherem Wege zu einem brauchbaren Gedanken komme. Ich kann inzwischen auch leichter fremde Gedanken rezipieren, ohne von Anfang an auf dem kritischen Sprung zu sein.

Das hieße, wer in jungen Jahren radikal, ehrgeizig, perfektionistisch oder so ähnlich ist, wird im Alter entspannter.

Nein, das heißt es nicht. Man kann persönliche Erfahrungen und Entwicklungen nicht verallgemeinern. Man kann sie nicht einmal für sich selbst in alle Zukunft extrapolieren. Vielleicht werde ich mit achtzig wieder völlig unentspannt.

Möglicherweise gibt es im Alterungsprozess auch einfach eine entspannte Phase: Wir müssen uns weniger behaupten und beweisen, können gleichzeitig noch einigermaßen mithalten und stehen im Leben. Später wird es ernster.

Psychologische Glücksstudien legen das jedenfalls nahe. Die Zufriedenheit wächst ab einem gewissen Alter und nimmt erst wieder gegen das Lebensende hin ab, wenn die körperlichen und geistigen Gebrechen unser Leben bestimmen.

Die liebe Mühe mit der Technik

Bei aller Altersentspanntheit: Im Alltag kämpfen wir schon im frühen Alter mit Gefühlen der Überforderung. Die Jüngeren scheinen alles besser im Griff zu haben und sind vor allem schneller. Insbesondere die ständigen technischen Neuerungen, die uns das Leben erleichtern sollen, erschweren es uns zunehmend. Sie machen das propagierte lebenslange Lernen zur Tortur; es fühlt sich an, als würde man andauernd auf Feld eins zurückgeworfen.

Die Überforderung durch technische Entwicklungen scheint geradezu ein Naturgesetz zu sein, dem man nur durch Anstrengung entgegenwirken kann. Dennoch ist die Forderung nach lebenslangem Lernen ausgesprochener Bullshit. Denn sie bezieht sich in der Regel nicht darauf, dass man auch im Alter noch kluge Sachen liest und auf diese Weise etwas dazu lernt und Freude daran haben kann, dass man schlauer geworden ist, sondern die Forderung ist Ausdruck eines verordneten Kampfes mit irgendwelchen technischen Neuerungen, deren Sinn sich einem nicht erschließt – und zwar nicht des-

halb, weil man an Altersstarrsinn leidet, sondern weil es Innovationen sind, die der kapitalistische Wachstumszwang befördert; Innovationen, die keinen Fortschritt darstellen, sondern nur immer wieder neue Anpassungsleistungen erzwingen.

Da kommt mir die überfitte Seniorin Yvette Michel in den Sinn, die Werbefigur der Schweizer Bundesbahnen. Sie hantiert ganz locker mit der neuen Fahrplan- und Ticket-App und wirbt für kostenlose Schulungen – falls man es trotz ihrer Anleitung nicht kapieren sollte. Die Botschaft ist aufmunternd gemeint – sogar ihr Senioren schafft das, gebt nicht auf! Sie zementiert aber letztlich das Bild der minderbemittelten Alten.

An und mit den Senioren wird da etwas abgehandelt, das eigentlich die gesamte Gesellschaft betrifft, nämlich die Frage: Welche technischen Neuerungen wollen wir überhaupt? Die drei Banken, bei denen ich ein Konto habe, schicken mir zum Beispiel allmonatlich Nachrichten, in denen sie mich darauf hinweisen, dass ich lesepflichtige Dokumente in meinen Bankpostfach – «esafe» genannt – habe. Wenn ich mir die nicht «zeitnah» anschaue, bekomme ich sie kostenpflichtig zugeschickt. Keine Ahnung, wer sich den Blödsinn ausgedacht hat, diese Dokumente nicht gleich per Mail zuzuschicken. Ich zahle also für die Unfähigkeit der Banken, mir eine bequeme Lösung anzubieten. Es könnte ja auch sein, dass ich nicht zu blöd bin, einen Ticketautomaten zu bedienen, sondern Besseres zu tun oder schlicht keine Lust habe, mich mit der umständlichen Bedienung zu beschäftigen. So geht es mit vielen Neuerungen: Manche sind ausgezeichnet, manche machen mehr Arbeit als frühere Angebote, wieder andere sind schlicht hirnrissig.

Ihr Unwille widerspricht der kompetenzorientierten Auffassung von Bildung. Inzwischen richten sich schon die Primarschullehrpläne danach: Nicht Wissen, sondern die Fähigkeit, es geschickt zu googeln, wird gefordert. Das mag angesichts der Digitalisierung, Globalisierung, Beschleunigung und smarter Ticketautomaten seinen Sinn haben. Aber das Prinzip des lebenslangen Lern-Dippings verträgt sich ausgesprochen schlecht mit dem Alterungsprozess; man wird mit dem Alter ja nicht gerade flexibler und schneller im Kopf. Viel schmeichelhafter fürs Alter, aber längst passé, ist das Bild der Gelehrten, die mit dem Alter immer weiser werden, weil sie ihr Wissen mit den Jahren erweitern und vertiefen.

Dieses Bild des Gelehrten halte ich für ein unbrauchbares Klischee: So tief gründen die meisten Gewässer des Wissens nun auch wieder nicht, dass weitere Tiefenbohrungen noch etwas Gescheites zu Tage fördern. Ich mag nerdige Spezialisierung durchaus, sie hat etwas Charmantes, man sollte sie aber auch nicht umstandslos zur Tugend erklären. Wenn ich mich in etwas vertiefe oder etwas Neues entdecke, dann stellen sich bei mir schnell Verbindungen ein. Ich erkenne in verschiedenen Gedankengängen ähnliche Strukturen oder auch fundamentale Gegensätze in vermeintlich ähnlichen Sachverhalten – was auch immer. Googeln macht einen nicht notwendigerweise dumm, auch wenn die von Inhalten losgelöste Kompetenz, welche die Lehrpläne dominiert, tatsächlich bescheuert ist.

Wir verwerfen gerne die Hände, wenn schon Kleinkinder mit modernen Geräten geschickter hantieren als wir oder wenn junge Leute gleichzeitig Serien schauen, Musik hören, mit Kollegen auf verschiedenen Kanälen kommunizieren und fürs

Studium lernen. Aber letztlich ist das einfach eine neue Form von Schlauheit, die halt leider nicht so alterskompatibel ist.

Jedenfalls stimmt es einfach nicht, dass man heute nicht mehr schlauer wird. Eine heutige Doktorandin ist im Schnitt gebildeter als ein durchschnittlicher Ordinarius der Fünfzigerjahre. Eine doofe Studentin von heute ist so doof wie eine von vor vierzig Jahren.

Aber ein alter Mann oder eine alte Frau, die den Ticketautomaten nicht mehr bedienen kann, steht heute blöder da als vor fünfzig Jahren. Die Frage ist: Wie verhalten wir uns angesichts der laufend geforderten Anpassungsleistungen? Ich bin immer hin- und hergerissen: Soll ich den neuen technologischen Errungenschaften hinterherhecheln oder mich damit abfinden, dass meine Anpassungsfähigkeit abnimmt? Mich damit trösten, dass die um zwanzig Jahre Älteren noch schneller überfordert sind, und ausblenden, dass es mir gewiss nicht besser ergehen wird? Soll ich ab und zu den Hinweis platzieren, dass ich früher einmal Latein und Altgriechisch gelernt habe, was zwar heute nichts mehr wert ist, aber theoretisch durchaus seinen Wert hätte? Soll ich mich damit trösten, dass ich meinem Jüngsten erklären kann, wie eine Telefonwahlscheibe funktioniert, oder meinen erwachsenen Töchtern zu erzählen weiß, dass Vinyl und Demonstrationen nicht ihre Erfindung sind?

Zur Abwechslung könnte man doch auch mal versuchen, das Generationenverhältnis ohne Ressentiments zu gestalten und weder mit Unterlegenheit zu kokettieren noch Überlegenheit zur Schau zu stellen.

Klingt einfacher als es ist, wenn die Alten vor den Jüngeren ständig blöd dastehen. Es ist schlicht nicht alterstauglich, dass man bei jedem Software-Update von Neuem herausfinden muss, wie die Zeichenzahl eruiert werden kann oder wo man im Mailprogramm die Auto-Antwort einstellt. Geschwindigkeit und technologischer Fortschritt dominieren den Alltag, darum wirken wir mit dem Alter unfähiger statt weiser.

Unter Bullshit-Innovationen wie Software-Updates leiden aber nicht nur die Alten, sondern auch die Jungen. Außerdem glaube ich nicht, dass man zwangsweise abgehängt ist, wenn man nicht alle Neuerungen mitmacht. Ich muss nicht bei Instagram dabei sein, um eine Ahnung davon zu haben, wie es funktioniert. Twitter ist ein einfacher Einstieg in Social Media und kann sehr informativ sein, zum Beispiel dadurch, dass es einen auf Publikationen in Old-School-Medien aufmerksam macht. Natürlich braucht es Anpassungsleistungen. Wer heute darauf besteht, seine Manuskripte handgeschrieben einzureichen, ist tatsächlich weg vom Fenster. Aber Computer, das Internet und E-Mails sind so brandneu auch wieder nicht. Mein Vater hat diese verpasst; aber er braucht sie auch nicht zwingend. Wenn er eine Fahrkarte kaufen will, geht er halt ins Reisebüro. Das ginge mit dem Computer schneller, aber dieser Anreiz ist einfach zu klein für ihn. Was mich betrifft: Ich nutze einen Teil der technischen Neuerungen, das Smartphone zum Beispiel, ganz selbstverständlich. Auf einen Lautsprecher mit eingebauten Flaschengeistern namens Siri oder Alexa kann ich gut verzichten. Die Konversation mit den beiden kommt mir vor wie eine mit einem extrem Schwerhörigen: Alles muss man laut und mindestens dreimal sagen. Auch ein sprachgesteuerter Lichtschalter erscheint mir mäßig attraktiv. Künstliche Intelligenz, die zuverlässig für mich Literatur recherchiert, würde ich auch mit neunzig noch freudig begrüßen. Vermutlich werde ich auch einmal ‹abgehängt› sein, aber das wird ein langsamer Prozess sein, und dieser wird mit Neuerungen beginnen, die für mich nicht sonderlich wichtig sind.

So ‹smooth›, wie Sie es schildern, läuft der Prozess des «Abgehängtwerdens» nicht ab. Wenn im Alltag die Unterlegenheit dominiert und mögliche Überlegenheitsmomente keine Relevanz haben, droht ein Gefühl von Nutzlosigkeit. Die Älteren sind auf dem absteigenden Ast. Sie werden belächelt; im besten Fall liebevoll und mit Achtung vor dem, was sie früher einmal waren. Das wird immer schlimmer, bis man im Altersheim wieder zum Kleinkind degradiert wird. Gewiss, es ist der Lauf der Dinge, aber der wird durch den technischen Fortschritt beschleunigt und akzentuiert.

Ja, wir sind auf dem absteigenden Ast. Nichts veraltet schneller als ein Lebenswerk, das man als solches deklariert. Meine alten Bücher sind schon okay; aber ich fände es nicht besonders sinn- oder auch nur reizvoll, wenn jetzt ein junger Bewunderer käme und meine Gesammelten Schriften herausgeben wollte. Das hätte ich mit vierzig toll gefunden; nun schon lange nicht mehr. Solche Fälle von Heldenverehrung kenne ich aus der psychoanalytischen Szene; für mich wirken sie wie der Muff von tausend Jahren. Ich möchte im Altersheim tatsächlich nicht wie ein Kind oder ein Idiot behandelt werden. Aber meine ollen Kamellen muss sich deshalb niemand anhören. Ich höre mir liebe neue Kamellen von anderen an.

Das heißt, auf dem absteigenden Ast zu sein, ist okay? Und Altersweisheit ein Mythos, den wir uns abschminken sollten, um fröhlich in den Abgrund zu schlittern?

Wer spricht denn von Abgrund? Ich sage nur, dass Altwerden mit gewissen Nachteilen verbunden ist, die man realistisch betrachten sollte. Nicht alle Nachteile sind naturgegeben, und was als Nachteil erscheint, kann in mancher Hinsicht auch wieder Vorteile haben. Stellen wir uns ein achtjähriges Kind vor: Es weiß noch nicht sehr viel, aber es hat auch das Vergnügen, von den Erwachsenen, die mehr wissen, etwas erklärt zu bekommen. Als alter Mensch ist man zuweilen in einer analogen Situation: Man ist nicht mehr auf dem neuesten Stand, aber es ist ein Vergnügen, sich von den Dreißig- oder Vierzigjährigen belehren zu lassen. Das heißt nicht, dass man ihnen gegenüber dumm dasteht. Im Alter verlernt man ja das Denken nicht. Aber man braucht zum Denken immer wieder neue Inhalte – und die kommen oft von den Jüngeren.

Das klingt schön. Trotzdem bleibt die Frage, wie wir uns auf dem sinkenden Schiff am besten verhalten: Lecks stopfen, so lange es geht, oder «in Würde» untergehen? Mein Schwiegervater eignet sich auch noch mit über achtzig unermüdlich die gerade neueste i-Movie-Technologie an, braucht dafür aber viele Nerven. Mein Vater dagegen hat sich früh dem Fortschrittszwang verweigert und demonstrativ akzeptiert, dass sein Lebensradius dadurch enger wurde. Alles unternehmen, um den Anschluss nicht zu verlieren, oder sich kampflos abseilen? Mir sind beide Altersperspektiven nicht ganz geheuer.

Ein verzweifeltes der technischen Entwicklung Hinterherhecheln ist ebenso wenig attraktiv wie «Auftrumpfbildung». Aber warum soll man sich nicht mit der i-Movie-Technologie beschäftigen, wenn man merkt, wie viel einfacher und effekti-

ver man damit Filme schneiden kann als seinerzeit mit dem Super-8-Format?

Also doch lebenslanges Lernen?

Nicht als Programm. Aber selbstverständlich ja in dem einfachen Sinne, dass es wohl kaum zu vermeiden ist, wenn man nicht jeglichen Konsum von Zeitungen, Büchern, Filmen und anderem einstellt.

Ein Trost: Wenn meine Kinder meiner Mutter Gespräche mit Siri vorführen oder ihr beizubringen versuchen, wie man eine Sprachnachricht verschickt, ist das für beide Seiten beste Unterhaltung. Die Enkel machen sich zwar ungeniert lustig über die Großmutter, aber die lässt sich das ebenso ungeniert gefallen. Offensichtlich ist für sie mit ihren über achtzig Jahren das Beherrschen des Mobiltelefons kein Gebiet, auf dem sie sich beweisen muss, und das Scheitern bereitet ihr eher Vergnügen als Sorgen – womit sie ihren Enkeln wiederum etwas voraus hat, die in einer solchen Situation vor Scham am liebsten im Boden versinken würden.

Darf ich etwas pingelig sein und darauf hinweisen, dass es sich bei Ihrem Beispiel um ein inszeniertes Pseudo-Scheitern handelt, das keine schlimmen Spuren beim Scheiternden hinterlässt? Kein vernünftiger Mensch nimmt an, dass man mit Siri eine Unterhaltung führen kann, die über die beabsichtigte Produktion freiwillig-unfreiwilliger Komik hinausgeht. Man stellt also Siri bloß und nicht die Großmutter. Und die Großmutter, die es nicht schafft, Sprachnachrichten per Whatsapp zu verschicken, kann beruhigt sein: Es handelt sich dabei nicht um eine Kommunikationsform, bei der sie etwas verpasst, wenn sie sie nicht benutzt. Anders sieht es mit E-

Mails aus. Wenn man diese Technik nicht beherrscht, ist man tatsächlich abgehängt.

Sie dürfen pingelig sein, machen uns damit aber das Leben schwer. Mein Beispiel sollte die Ohnmacht des Abgehängtwerdens, die viele beunruhigt, etwas relativieren. Schließlich bringt der ständige Fortschritt auch jungen Generationen im Alltag nicht nur Erleichterung und Freude, sondern verbraucht viel Energie. Es kann ein Befreiungsschlag sein, nicht mehr immer alles beherrschen zu müssen.

Ich muss uns leider weiter das Leben schwer machen. Ich glaube nicht, dass es diese Art des Befreiungsschlags gibt. Auch ein Teenager «muss» eine bescheuerte App, mit der man jedes Porträtfoto in ein Katzenbildchen verwandeln kann – ein ad hoc von mir erfundenes Beispiel – nicht beherrschen. Er hat vielleicht Spaß an solchem Unfug, und wenn er den Spaß nicht mehr hat, löscht er die App. Fertig. Möglicherweise wird er sagen: Bin ich froh, dass ich mich nicht mehr stundenlang mit dieser App beschäftige. Aber ein Befreiungsschlag ist das ja wohl nicht. Nun stellen Sie sich vor, meine Bank erfindet eine neue Banking-Software, die ihr noch mehr Personal einspart und es mir angeblich noch viel einfacher macht, meine Überweisungen zu tätigen – die darauf basiert, dass ich eine 16-stellige Geheimzahl, die ich mir nicht aufschreiben darf, benutze usw. Man kennt den Scheiß ... Wenn ich da nicht mitkomme und es auch nicht will, ist das kein Befreiungsschlag, sondern eine ziemlich dumme Sache für mich. Eventuell werde ich zum Protest-Großätti, der dem CEO der Bank auf eine Noreply-Mail-Adresse glühende Protestbriefe schreibt. Mein Vater hat ein Handy, das er nur zum Telefonieren braucht. Sparsam wie er ist mit einer Prepaid-Karte. Kein Facetime, kein E-Mail. Er habe keine Zeit, sich damit auch noch zu beschäftigen. Das sehe ich einerseits ein, andererseits verkompliziert es unsere Kommunikation um einiges.

Von Macken und Nostalgie

Nicht alle Leute werden mit dem Alter entspannter, oft passiert das Gegenteil: Macken akzentuieren sich. Menschen werden verbohrter statt toleranter, ihr Blick auf die Welt beschränkter statt offener. Ehepaare, die beim Kochen zicken, tun es im Alter noch mehr, störrische Menschen werden störrischer, ängstliche noch ängstlicher.

Bei manchen ist es so, bei anderen nicht. Man kann sich ja überhaupt fragen: Ab wann sind unangenehme Zeitgenossen eigentlich unangenehm geworden? Man kennt ja Kinder, die weder niedlich noch sympathisch sind. Wächst sich das aus, verstärkt sich das? Es kann eben beides passieren, und die Veränderung kann eben auch später einsetzen. Was man vielleicht sagen kann: Es gibt bei manchen Leuten eine Art selbstverschuldete Dummheit, bei der sich Denkfaulheit mit Aggressivität paart und alle Lücken im Wissen mit starrsinniger Meinung gefüllt werden.

Dazu passt eine weitere Alterserscheinung: wenn Leute glauben – und leider oft auch laut verkünden –, früher sei alles besser gewesen. Die Kinder besser erzogen, die Jugend weniger verwöhnt, die Beziehungen beständiger, die Politik bodenständiger, die Konsumwut geringer, die Gewalt weniger brutal und so weiter und so fort.

Gegen diese Nostalgie hilft, an 1944 zu denken: Auschwitz in Hochbetrieb.

Es gibt auch im Alltag viele Gegenbeweise: Noch nie waren Kinder und Jugendliche so unverkrampft im Umgang mit Erwachsenen, so verständig und engagiert. Jedenfalls in unseren privilegierten Kreisen. Auch die Beziehungsfähigkeit scheint mir eher zu- als abgenommen zu haben. Die Gesellschaft ist weniger gewalttätig, auch wenn die Schlagzeilen das Gegenteil suggerieren, und offener geworden; Minderheiten erhalten mehr Gehör, es gibt nicht mehr nur zwei, sondern eine Vielfalt an Geschlechtern. Kurz: Die Welt ist gewiss nicht schlechter geworden. Dennoch gibt es Dinge, die auch ich früher besser fand. Ein Alterszeichen? Nehmen wir fünf Beispiele:

1. Wachstum und Gewinn sind zur Maxime einer funktionierenden Wirtschaft erklärt worden, was mittlerweile groteske Auswirkungen auf die Arbeitswelt hat: Früher waren Entlassungen ein Drama, heute sind sie ein Qualitätsmerkmal für Unternehmen und Manager.

Muss ich jetzt den Advocatus Diaboli machen? Wenn wir uns dem Früher-war-alles-besser-Gejammere widersetzen, heißt das ja nicht, dass alles besser geworden ist. Steven Pinkers «Es-wird-alles-immer-besser»-Getröte ist ja genauso nervtötend. Nein, es ist nicht besser, wenn Manager alle paar Jahre mit Riesenabfindungen weitergereicht werden. Es ist nicht besser, wenn man keine Poststelle und keinen Bahnschalter mehr telefonisch erreichen kann; dass Postboten keine Beamten mehr sind, sondern nur noch schlecht bezahlte Arbeitskräfte, und so weiter. Aber man muss konkret sagen, was man weshalb kritisiert, was man mit was vergleicht – und nicht blindlings gestern und heute gegeneinander ausspielen.

2. Die Medien sind schlechter geworden. Früher wurde recherchiert, es wurden Themen gesucht und gesetzt, Aufklärung betrieben. Heute geht es um Klicks, sprich Populismus, journalistische Recherche besteht darin, die digitale Informationsflut zu verwalten, und Pressetexte werden eins zu eins abgedruckt, sofern man ein gutes Foto mitliefert.

*Andererseits gibt es ausgezeichnete Onlinemedien und immer noch einige Qualitätszeitungen wie zum Beispiel die FAZ. Aber diese verlieren stetig Leser*innen. Es gibt hier nichts zu beschönigen. Viele Zeitungen richten sich in ihren Inhalten immer mehr an denen aus, die garantiert nicht als Abonnenten ihrer Blätter in Frage kommen. Es ist, als ob die Verleger sagen würden, wir müssen vermehrt die Interessen der Nicht-Leser*innen berücksichtigen.*

3. Das Antiraucher-Theater überbordet. Früher kam man vom Ausgang wie eine geräucherte Wurst nach Hause – was unangenehm sein konnte. Heute beklagt man sich darüber, wenn der Nachbar auf dem Balkon raucht, oder möchte Rauchverbote an Bushaltestellen einführen, obwohl man sich dort die Lunge ja wohl eher mit Verkehrsabgasen als mit Passivrauchen ruiniert. Ich war schon immer Nichtraucherin, aber mir wäre es oft lieber, wenn meine Gäste wie früher am Tisch rauchen würden, anstatt sich schuldbewusst davonzustehlen.

Das höre ich als Raucher natürlich gerne. Es ist inzwischen wirklich mühsam für einen Raucher, ein Hotel oder eine Ferienwohnung zu finden. Aber dafür war früher für viele Nichtraucher das Leben eine Plage.

Das klingt so vernünftig, als hätten Sie eine Gehirnwäsche der Lungenliga hinter sich. Ich stelle eher fest, auch bei mir selber, dass der Tabakrauch viel stärker als Plage wahrgenommen wird, seit er gar keine mehr ist. Wie wäre es mit etwas Altersgelassenheit wider die Überregulierung?

Die schadet sicher nicht. Aber auch Gelassenheit gegen die Übererregung wider die Überregulierung ist nicht schlecht.

4. Pädagogisierung und Sicherheitsmaßnahmen nehmen zuweilen absurde Züge an: Halbstundengutscheine für den Medienkonsum der Kinder; ein Elternaufstand wider die Unsitte, Geburtstage in der Schule mit zuckerhaltigen Kuchen zu feiern; die Eltern-Gemüsegruppe für gesunde Pausenverpflegung; pädagogisch wertvolle Freizeitbeschäftigungen; Anti-Mobbing-Sitzungen beim Schulsozialarbeiter, wenn eine Gruppe Kinder in der Garderobe eine Mütze klaut und sie im Schulhof herumschmeißt.

Wenn man wie ich als schwächliches Kind von den Stärkeren verhauen wurde, kann man zumindest im Bereich der Schulsozialarbeit einen gewissen Fortschritt erkennen.

Das stimmt, aber zwischen Desinteresse und Übereifer gibt es noch den gesunden Menschenverstand. Ich aß als Kind Butterbrote mit Zucker zum Zvieri und trieb mich ganze Nachmittage mit meinen Freunden irgendwo herum, ohne per Telefon auffindbar zu sein. Mit zehn ließ ich mit meiner Cousine an einem Automaten Zigaretten heraus, die wir mit dem Nachbarsjungen hinter dem Haus rauchten. Ich trug im Auto keinen Sicherheitsgurt, weil es auf dem Rücksitz keinen gab, und als ich später als Teenager auf dem Beifahrersitz saß, stritt ich mich mit meiner Mutter darüber, ob ich mich nun anschnallen müsse oder nicht. Sie drohte mir mit dem Bild eines zerschnittenen Gesichts nach einem Unfall, was ziemlich gut wirkte. Heute diskutieren wir darüber, ob wir unsere Kinder auch beim Kickboardfahren zwingen sollen, einen Helm anzuziehen. Auf der Schlittschuhbahn? Auf dem Dreirad? Und warten darauf, was nach Skihelm und Rückenpanzer kommt. Nicht, dass ich die Vergangenheit diesbezüglich schönreden möchte. Schlagende Lehrer, gemobbte Kinder oder fehlende Sicherheitsgurte sind wahrlich keine Symbole der Freiheit. Andererseits denke ich manchmal, man könnte die vielgelobten Grenzen auch dem Reglementierungsfuror setzen.

*Ja, es ist manchmal zum «Haaröl seichen»! Aber eben: Die Gurtpflicht war sicher segensreich, und Helme beim Skifahren sowie Rückenpanzer beim Snowboarden sind vermutlich auch nicht schlecht. Gottlob gehen mir die Medienkonsum-Regeln inzwischen mangels zu erziehender Kinder am Arsch vorbei. Ich würde es an Elternabenden heute vermutlich noch schlechter aushalten als vor zwanzig Jahren. Man kann ja nicht ständig den Kopf schütteln und immer nur «so ein Seich» vor sich hin murmeln. Wenn ich heute anlässlich eines Vortrags zu solchen Erziehungsthemen etwas sage, findet mich die Mehrheit unter den Zuhörer*innen frivol und eine Minderheit wahrscheinlich erfrischend mutig. Dabei bin ich eigentlich nur müde, über dergleichen Stuss zu reden.*

5\. Als Teenager zerschnitt ich meine Jeans und wusch sie im Lavabo mit Steinen, damit sie abgewetzt aussahen. Ich färbte die übergroßen Hemden meines Großvaters schwarz und trug die Sachen zum Entsetzen meiner Großmutter und trotz des Kopfschüttelns meiner Eltern. Heute gibt es das alles bei H&M zu kaufen. Arafat-Muster oder Camouflage sind immer mal wieder Mode, ohne dass sich jemand über deren Symbolgehalt den Kopf zerbricht.

Besser man trägt Arafat-Schals aus Unkenntnis denn als Bekenntnis.

Immerhin suchen meine Kinder in den Läden schon wieder ganz bewusst nach Jeans und Shirts, die nicht zerlöchert sind, und schneidern dann zu Hause daran herum. Sie sind der Meinung, dass die Musik von früher besser sei und haben meine Vinylplatten vom Estrich heruntergeholt. Die Verklärung der Vergangenheit packt also nicht nur die Alten.

Woody Allens ‹Midnight in Paris› handelt von dieser Sehnsucht nach der Vergangenheit. Der Held schafft es, sich ins Paris der 1920er-Jahre zurückzuversetzen, und trifft dann auf Leute, die von der Goldenen Zeit vor der Jahrhundertwende schwärmen. Vielleicht hilft die Nostalgie den Jungen, sich in die Kette der Generationen einzureihen. Wahrscheinlich wäre eine Jugend, die nur ‹zukünftig› wäre, eine furchtbar brutale Jugend. Wie die faschistische und nazistische Jugend, die ja in vielem sehr zukunftsfixiert war.

Kehren wir nach all den Abschweifungen zu der Frage zurück, um die es mir eigentlich ging: Wann ist der Eindruck, dass etwas früher besser war, berechtigt, und wann ein Zeichen von Altersverbohrtheit?

Ganz einfach: Wenn dieser Eindruck nicht konkret begründet und stattdessen generalisiert wird, handelt es sich um Verbohrtheit.

Die Liste zur Früherkennung des Alterns ließe sich beliebig fortsetzen. Es scheint, als wären wir darauf programmiert, alle möglichen Veränderungen als Alterserscheinungen bzw. -defizite minutiös zu registrieren.

Ich glaube nicht, dass wir darauf «programmiert» sind. Altersfixiertheit ist einfach eine unterkomplexe Betrachtungsweise, die trotzdem allen einigermaßen einleuchtet. Sie erspart uns lange Erklärungen, warum dieses oder jenes so ist, und ist darum sehr Smalltalk-tauglich. Ich finde übrigens älter zu werden gar nicht besonders tragisch. Ich möchte gerne noch lange älter werden. Ältlich werden möchte ich hingegen weniger gerne.

Was halten Sie von der Aussage, man könne nicht früh genug damit beginnen, sich mit dem Alter auseinanderzusetzen? «Vierzig werden – gar nicht mal so einfach» titelte kürzlich eine Radiosendung. Darin erzählte ein Kurator, wie er ein großes Fest zu seinem Vierzigsten geplant und wieder abgeblasen hatte, eine Bloggerin sinnierte über das Übel ihrer 37 Jahre, mit denen sie für die Jungen zu alt und für die Alten zu jung sei, und ein 81-jähriger Zen-Meister riet, man solle schon in jungen Jahren damit anfangen, entspannt älter zu werden.

Man muss nicht jedes Klischee reproduzieren. Die Jugendklischees nicht, die Midlife-Crisis-Klischees nicht und die Altersklischees auch nicht, außer man verdient sein Geld damit, dass man die gefühlt tausendste Kolumne zum jeweiligen Thema fabriziert.

II. Das Ende

Der Anfang vom Ende

Sie haben den Alterungsprozess wechselweise mit einem Zuwachs- und einem Verlustmodell beschrieben. Den Verlust nehmen wir mit den Jahren viel stärker wahr. Werden wir blind für das, was wir dazugewinnen?

Nicht unbedingt. Aber die Verluste drängen sich deshalb in den Vordergrund, weil sie oftmals im wörtlichen Sinne viel mehr schmerzen. Denn diese Verluste sind oft gesundheitliche Beeinträchtigungen, Einschränkungen der Bewegungsfreiheit und der Selbständigkeit. Dass man auch klüger geworden ist, verliert man leicht aus den Augen. Im Moment kann ich meine Gicht gut wegstecken, seitdem ich – mehrfach erprobt – weiß, wie schnell Cortison wirkt. Wenn solche Schmerzen ein Dauerzustand werden, wenn man vom Arzt gelobt wird, dass man tapfer ist und das alles sehr, sehr gut macht, dann weiß man, nun ist man in dem Stadium angelangt, wo einem die ganze gewonnene Klugheit nichts mehr nützt. Man wird bestenfalls mit derselben freundlichen Anerkennung bedacht wie eine Fünfjährige, die schon lesen kann.

In jüngeren Jahren ist das Altern vor allem ein Thema für kokettierende Smalltalks. Aber irgendwann wechselt die Perspektive – das Pendel schlägt mit voller Wucht auf die Seite des Verlustes ein. Bei mir passierte das mit 46, als mein Vater starb und kurz darauf eine gute Freundin. Zur Trauer kam das Gefühl, aus dem Leben hinausgeschleudert zu werden beziehungsweise aus dem, was ich bisher für das Leben gehalten hatte. Da ist man die ganze erste Lebenshälfte darauf konditioniert, sich eine Zukunft zu planen: Welche Schulen besuche ich, welche Ausbildung wähle ich, was könnte noch alles aus mir werden, an welchen Partner werde ich mich binden, will ich Kinder haben oder keine, welche Karriereleitern könnte ich noch erklimmen, wo könnte ich überall versagen? Plötzlich merkt man, wie absurd die Vorstellung dieses Vorwärtskommens ist angesichts der Tatsache, dass das Leben zum Tod führt. Man stellt fest, wie viel Energie man in Pläne gesteckt hat, die im Grunde gar keine Relevanz haben. Spielt es angesichts der Pensionierung eine Rolle, ob ich eine Karrierestufe mehr oder weniger genommen habe? Spielt es eine Rolle, ob ich berühmt war oder nicht, wenn ich dement bin? Ich frage mich, warum wir uns im Leben so verbissen auf die Zukunft hin orientieren, bis wir merken, dass sie uns vor allem Verluste bringt.

Man kann die Erfahrungen der Zukunft nicht vorwegnehmen. Soll man einem Kind sagen: Angesichts des Todes, der uns alle mal erwischt, ist es doch sowas von scheißegal, ob du ein Playmobil-Auto bekommst oder nicht. Hör also auf mit dem Theater! Ich empfinde es inzwischen als befreiend, wie sich der Gedanke des Vorwärtskommens relativiert; aber es ist traurig, wenn man in einem Angesichts-der-Ewigkeit-ist-doch-alles-wurscht-Klima aufwächst. Die Zeit dazwischen – zwischen Kindheit und hohem Alter – hat eben ihr eigenes Recht. Alles immer schon auf den Tod zu beziehen ist, als würde man beim Essen nur noch an den Stuhlgang denken.

Helfen Ruhm und Ehre?

Bedeutet der Tod für Barack Obama etwas anderes, weil er weiß, dass die Geschichtsschreiber*innen sich an ihn erinnern werden?

Ich glaube, er ist allein schon deshalb für ihn anders, weil er sicher sein kann, dass er im Pflegeheim respektvoller behandelt wird als wir beide zusammen. Der Gedanke, dass sich jemand an einen erinnert, dass etwas von einem bleibt, erleichtert einem zumindest die Vorstellung der eigenen Sterblichkeit.

Da bin ich anderer Meinung. Gewiss ist der Gedanke schön, dass sich die eigenen Kinder und vielleicht ein bisschen auch noch deren Kinder an einen erinnern werden. Aber die Vorstellung, dass die anonyme Masse der Menschheit in 500 Jahren noch von mir redet, finde ich eher gruselig; das hat ja dann auch herzlich wenig mit mir zu tun. Es würde zudem bedeuten, dass man im Leben etwas erreicht haben muss, um glücklich sterben zu können.

Was das ist, was man «erreicht» haben sollte, darüber gehen die Meinungen eben auseinander. Ich möchte kein Topmanager sein, mir würde es reichen, dasselbe Gehalt zu haben. Was ich gar nicht mag, sind Topmanager, die mit 55 auf den Pfad der Erleuchtung kommen und einem dann erzählen, wie viel besser sie sich fühlen, seit sie Reitlehrer in der Bretagne oder Bierbrauer auf den äußeren Hebriden geworden sind. Aber das nur nebenbei. Ich glaube halt, dass man sich besser mit der eigenen Sterblichkeit anfreundet, wenn man nicht im Zorn zurückblickt.

Was soll daran verwerflich sein, Reitlehrer in der Bretagne zu werden oder sich auf ein Weingut in der Toscana zurückzuziehen, abgesehen davon, dass man damit ein Klischee bedient? Mir ist der Topmanager, der mit siebzig immer noch wie wild reorganisiert, jedenfalls nicht sympathischer.

Mir auch nicht. Mir gefällt nur nicht, wie diese Leute von einem Moment zum anderen vom Saulus zum Paulus werden. Erst die Arbeitskraft anderer Leute munter ausbeuten und einem dann erzählen, wie sehr Geld überschätzt wird und nichts über selbstgemachte Himbeermarmelade geht. Sie bleiben so dumm wie sie vorher waren, nur die Inhalte haben gewechselt. Aber ich gebe zu, ich rege mich da wahrscheinlich mehr über ein Klischee von konvertierten Managern auf als über konkrete Menschen.

Sie sagen, man muss etwas erreicht haben, um glücklich zu sterben. Ich behaupte, um glücklich zu sein, muss man sich von dieser Vorstellung lösen. Der Zwang, etwas zu erreichen oder jemand zu sein, erscheint mir so unsinnig wie das Prinzip des steten Wachstums und der Gewinnmaximierung in der Wirtschaft. Wir leben unser Leben doch nicht, damit wir uns am Ende zurücklehnen können und sagen: Ich habe etwas erreicht.

Nicht im Sinne einer Bilanz-Maximierung, sondern im Sinne der Erfüllung von Kinderwünschen, wie Freud sagen würde. Von ihm stammt der Satz: Glück ist die nachträgliche Erfüllung von Kinderwünschen. Diese Wünsche kann man sich meistens nur in abgewandelter Form erfüllen. Aber bei mir ist es tatsächlich so: Fast alles, mit dem ich heute in meinem Leben zufrieden bin, ist irgendwie über zahlreiche Umwege mit Wünschen aus der Kindheit und Jugend verbunden.

Was waren das denn für Wünsche? Das kann ich von mir nicht behaupten. Als Kind hatte ich viele verschiedene Wünsche, die eines gemeinsam hatten: Sie griffen nach den Sternen. Ich wollte Astronautin werden, eine Hollywood-Schauspielerin oder eine berühmte Archäologin. Ich wollte später mal keine Kinder haben und nicht in der Schweiz leben, sondern irgendwo in der großen weiten Welt. Nichts von allem, mit dem ich heute zufrieden bin, hat etwas mit meinen Kindheitswünschen zu tun. Es sei denn, man interpretierte diese über sehr, sehr viele Umwege. Im Gegenteil, ich bin froh, das Glück im wörtlichen wie im übertragenen Sinn nicht in den Sternen, sondern ganz in meiner Nähe gefunden zu haben.

Als Kind hat man mich den kleinen Professor genannt. Den Wunsch nach einer akademischen Nebenher-Karriere habe ich mir zum Beispiel mit meiner späten Habilitation mit Ende vierzig noch erfüllt. Wahrscheinlich ist es das Kindliche an dieser Wunscherfüllung, das dazu geführt hat, dass ich nie eine vollamtliche akademische Karriere gemacht habe. Ich nehme den Job mit den Studenten und Studentinnen ernst, aber auf eine gewisse Weise spiele ich tatsächlich den kleinen Professor von damals. Es ist, als hätte ich als Kind immer Verkäuferlis gespielt, und besäße inzwischen nebenher noch meinen eigenen kleinen Laden.

In einer Troja-Verfilmung sagt die Mutter von Achill zu ihrem Sohn, er müsse im Leben wählen zwischen irdischem Glück (bei seiner Frau bleiben) und ewigem Ruhm (in den Krieg ziehen). Der junge Held wählt selbstverständlich den Ruhm und bleibt bis heute unvergessen. Ein Topos aus der Mythologie, der aber seit der Antike auch im realen Leben wirkt.

Glück oder Ruhm: Was ist das für eine Alternative? Sie erinnert mich an «Geld oder Leben». Dabei handelt es sich auch nicht um eine Wahl, sondern um eine Drohung.

Die Frage bleibt: Brauchen wir Ruhm und Ehre, um unserem Leben Sinn zu geben? Viele Menschen betreiben viel Aufwand, um «etwas» zu erreichen, oder leben zumindest mit dem Gefühl, sie müssten das. Manche, so mein Eindruck, verzweifeln daran oder verpassen einiges, das sie vielleicht glücklicher machen könnte.

Es hängt natürlich davon ab, was das ist, was man unbedingt erreichen möchte. Wenn es eine Position in einer Firma ist, die einen dann mit 55 auf die Straße stellt, dann haben Sie recht. Aber andererseits: Mit welchem Ziel oder Nicht-Ziel wäre man glücklicher geworden? Man kann sich immer fragen: War es das wert? – und man wird zu unterschiedlichen Zeitpunkten in seinem Leben unterschiedliche Antworten auf diese Frage geben. Es gibt kein Kriterium, das vor der Ewigkeit Bestand hätte – da ja vor der Ewigkeit ohnehin nichts Bestand hat.

Es geht nicht darum, das ultimative Kriterium für das persönliche Glück zu finden, sondern jene Kriterien, die uns von außen und innen antreiben, zu relativieren. In meinem Umfeld beobachte ich, dass die Fallhöhe im Alter für Menschen, die ihr Leben und ihre Zufriedenheit stark auf «Ruhm und Ehre» fokussierten, beträchtlich ist, weil davon nichts mehr übrig ist.

Das lässt sich nicht generalisieren. Wenn Ruhm und Ehre darauf beruhen, dass man Mister Schweiz gewesen ist, dann trifft das sicher zu. Wenn man einen Nobelpreis in Biologie gewonnen hat, verblassen Ruhm und Ehre zwar wahrscheinlich auch, weil Jüngere noch etwas Geileres herausgefunden haben. Ich denke aber, das ist ein Verblassen, mit dem man besser leben kann. Es folgt jedenfalls nicht dem Prinzip «The harder they come, the deeper they fall».

Wenn man sein ganzes Leben auf etwas ausrichtet, das im Alter nur noch als Erinnerung eine Bedeutung hat, tut sich aber logischerweise ein tiefes Loch auf. Wenn der Nobelpreis oder der Schönheitstitel beziehungsweise die damit verbundene Arbeit das Wichtigste im Leben waren, und wenn sich zum Beispiel deswegen der Partner abgewendet hat oder man keine Beziehung mehr zu seinen Kindern hat, bringt einem aller Ruhm der Welt nichts. Wahrscheinlich erinnert sich der Neunzigjährige, der mit 24 Mister Schweiz wurde, mit derselben nostalgischen Zufriedenheit an seinen vergangenen Ruhm wie der Nobelpreisträger – abgesehen davon, dass die ruhmreiche Zeit bei Letzterem immerhin weniger weit zurückliegt. Aber wenn die beiden zusammen im Altersheim leben, spielt das alles keine Rolle mehr. Für den Krankenpfleger sind sie sympathische oder weniger sympathische Alte. Und sogar, wenn man wie Achill vor lauter Ehre jung stirbt: Ich kann mir nicht vorstellen, dass man beim Sterben an den Nobelpreis, den Schönheitstitel oder die Schlacht denkt, die man gewonnen hat. Ich glaube, dann sind die Menschen wichtig, die einem nahestehen oder gestanden sind, und alles, was einen mit ihnen verbindet.

Es gibt eine Passage bei Adam Smith, in der ‹Theorie der ethischen Gefühle›, da erfindet er die Biographie eines Mannes aus einfachen Verhältnissen. Eines einfachen Mannes, «den jedoch der Himmel in seinem Zorn mit Ehrgeiz heimgesucht hat». Er ist fasziniert vom besseren Leben der Reichen und versucht den Aufstieg. Dabei nimmt er ungeheure Anstrengungen in Kauf in der Hoffnung, sich irgendwann einmal «an der Betrachtung der Glückseligkeit und Ruhe sei-

ner Lebenslage erfreuen» zu können. «Sein ganzes Leben hindurch», so Smith, «jagt er hinter dem Bilde einer gewissen künstlichen Ruhe her, die er vielleicht niemals erreichen wird, und der er eine wirkliche Seelenruhe opfert, die zu erwerben jederzeit in seiner Macht steht». Am Ende, «wenn er bei dem Bodensatz des Lebens angelangt, wenn sein Körper von den Mühen der Arbeit und von Krankheiten zerstört [ist], [...] dann erst fängt er an, zu bemerken, dass Reichtum und Größe bloßer Tand sind, dass ihr Nutzen lächerlich gering [...]». Die Überlegung ist natürlich richtig, aber auch tendenziös. Der arme Mann nimmt völlig unnötige Qualen für eine Zukunft auf sich, welche ihm schließlich nur die Sinnlosigkeit seiner Anstrengungen zeigt. Was aber, wenn das Leben zwischendurch in der jeweiligen Gegenwart durchaus auch eine Lust gewesen wäre? Hätte er sich verlieben und heiraten sollen, bloß um am Ende ja doch Witwer zu werden oder eine Witwe zu hinterlassen? Für Smith ist die Selbsttäuschung des Menschen eine Finte, die das gesellschaftliche Getriebe am Laufen hält. Aber ist es grundsätzlich eine Selbsttäuschung, wenn man nicht alles, was man tut, immer schon der Maxime unterstellt: Am Ende werde ich doch tot sein?

Sich ab und zu an diese Tatsache zu erinnern, kann jedenfalls eine Erleichterung sein. Weil man dann nämlich nicht immer nach der Maxime handelt, dass es vorwärts und aufwärts gehen muss – am besten soweit, dass man mit Ruhm das eigene Dasein überdauert. Ich glaube nicht, dass Goethe glücklicher gestorben ist, weil er davon ausgehen konnte, dass 200 Jahre nach seinem Tod noch jedes Schulkind seinen Namen kennt. Und für seinen Freund Jakob Michael Reinhold Lenz, der von jenem verstoßen wurde und zeitlebens darunter litt, kann es natürlich kein Trost sein, dass ihm Büchner post mortem ein berühmtes Stück Prosa widmete und dass ihn manche

Germanist*innen heute für den interessanteren Dichter halten. Ich glaube aber, dass Lenz etwas davon gehabt hätte, wenn er es im Leben irgendwie geschafft hätte – ob mit oder ohne Schreiben –, aus dem Schatten des berühmten Freundes herauszutreten.

Dem stimme ich mit Begeisterung zu. Neben der Zufriedenheit im und mit dem Leben auch noch nach posthumem Glück streben zu müssen, ist eine Überforderung für jeden. Aber man muss bei der Ausmessung dessen, was man im Leben erreicht hat, auch nicht die Latte beim Nobelpreis ansetzen. Es geht dabei nicht unbedingt um einen messbaren Erfolg. Es kann, um ein Beispiel zu wählen, das weniger an den Haaren herbeigezogen ist, die Wohnung sein, in der man es sich gemütlich eingerichtet hat, in der man gerne lebt und gern Freunde zu Besuch hat. Hier ist das «Erreichte», das einen zufrieden macht, keineswegs im selben Sinne «materiell» wie ein gut gefülltes Aktiendepot. Was es aber keineswegs unangreifbarer macht. Es lässt sich zum Beispiel nicht ins Altersheim zügeln – außer man hätte sein Lebensglück immer schon auf 16 Quadratmetern gefunden.

Der Sinn des Lebens

Wir sind bei den großen Fragen angelangt: Was ist für Sie der Sinn des Lebens?

Es gibt keinen Sinn DES LEBENS. Darum kann man sich so wundervoll über diesen ominösen Sinn den Kopf zerbrechen oder an der Sinnlosigkeit verzweifeln. Was es aber schon gibt, ist die Bedeutung, die mein Leben für andere hat und die Bedeutung, die das Leben anderer für mich hat. Man muss den Sinn des Lebens also weder suchen noch finden, sondern nur anerkennen, dass wir vom Anfang unseres Lebens an in ei-

nem sozialen Sinngeflecht eingebunden sind. Können Sie sich unter dem Sinn des Lebens tatsächlich etwas vorstellen?

Nein. Oder doch? Der Sinn des Lebens ist für mich, dass ich es lebe und dass ich es so gut wie möglich lebe, soweit ich das beeinflussen kann. Damit will ich nicht sagen, dass mein Leben ein Wohlfühlprogramm sein soll. Ich glaube, dass es in meinem Leben viele kleine und große Dinge gibt, die ich gut finde. Ich habe einen Mann, mit dem ich Kinder großgezogen habe und mit dem ich gerne alt werde. Ich habe Kinder, die, jedes für sich, toll herausgekommen sind. Sie haben meinen Alltag erschwert – zumal ich ihnen so wenig Grenzen wie möglich gesetzt habe – mein Leben aber gleichzeitig unendlich viel leichter und schöner gemacht. Ich habe Freundinnen und Freunde, bei denen es mir warm ums Herz wird, wenn ich von ihnen höre, und mit denen ich Abende verbringe, die mir richtig guttun. Ich habe vieles gemacht, das ich mir gewünscht habe, etwa Reisen, aber auch Dinge, die ich mir nicht gewünscht habe: Zum Beispiel habe ich angefangen zu joggen, obwohl ich das immer blöd fand, und freue mich jetzt darüber. Ich bin politisch zwar nicht aktiv, aber ich versuche zu unterstützen, was meiner Ansicht nach die Welt verbessern könnte. Ich bin in Familienverhältnissen aufgewachsen, die für mich nicht nur einfach waren, bin aber trotzdem froh, genau die Eltern und Geschwister zu haben, die ich habe und liebe. Und so weiter und so fort. Mir ist bewusst, dass ich bis jetzt im Leben viel Glück gehabt habe, dass die Mehrheit der Menschen nicht so privilegiert ist wie ich und dass für viele Menschen darum ganz andere Dinge im Leben relevant sind. Aber es gibt in meinem Leben ein Art Sinngeflecht, wie Sie es genannt haben, und dieses Sinngeflecht ist vermutlich für jeden Menschen anders. Wie sieht es bei Ihnen aus?

Vom Joggen einmal abgesehen (aber man soll ja niemals nie sagen), ist es bei mir sehr ähnlich: dieses Netz aus Momenten und Konstellationen, die mich manchmal anfallsartig glücklich, manchmal behaglich zufrieden machen. Das Bewusstsein, bei einigem Unglück im Leben (die Krankheiten meiner Mutter, ihr früher Tod) doch auch immer sehr viel Glück gehabt zu haben. Da sind all diese kitschigen, herzerwärmenden Szenen und Dinge, die im Laufe meines Lebens zusammengekommen sind; das Netz von Menschen, die mir am Herzen liegen, auch solche, die aus meinem aktuellen Leben verschwunden sind, aber mindestens in der Erinnerung sehr wichtig für mich bleiben.

Jedenfalls halte ich die kleinen Fragen für interessanter als die großen. Doch anscheinend gibt es im Hinblick auf das Lebensende ein Bedürfnis nach großmaßstäblichen Fragen wie: Worauf kommt es an im Leben? Und worauf, wenn wir darauf zurückblicken?

Ich stelle es mir problematisch vor, wenn man sein Leben fortlaufend rückblickend lebt, gleichsam nach dem Skript, das man sich am Lebensende als Biographie wünscht.

Trotzdem füllen die Antworten auf diese Fragen etliche Bücher. Eins davon dokumentiert die Erfahrungen einer Sterbehelferin, die von den fünf Dingen berichtet, welche die Menschen vor dem Tod am meisten bedauern. Dazu gehört, dass sie nicht mehr Zeit mit den Menschen verbracht haben, die ihnen wichtig sind, oder dass sie vieles nicht gemacht haben, das sie sich immer gewünscht haben.

Zu diesen fünf Dingen, über die Bronnie Ware schreibt, gehört auch die Reue zu viel gearbeitet zu haben. Aber man hört nicht, dass jemand bereut, dass er zu viel Miete gezahlt hat, dass der Hort für die Kinder so teuer war und die Krankenkasse auch, so dass man auf das Geld angewiesen war, für das man so viel gearbeitet hat. Welchem Falschen ist so jemand nachgerannt? Der Krankenkasse, der Mietwohnung? Was die Autorin ausblendet, ist die Tatsache, dass die Mehrheit der Menschen nicht deshalb viel arbeitet, um sich nicht den eigentlich wichtigen Dingen des Lebens zu widmen, sondern um genug Geld zum Leben zu haben.

Mich stören in diesem Bericht weniger die Inhalte der Antworten als die Fragestellung. Warum auf dem Totenbett rekapitulieren, was wir am meisten bedauern? Ich würde mich lieber mit dem beschäftigen, was mir Freude gemacht hat, sofern ich mich in dieser Situation überhaupt noch mit etwas anderem als meinem Sterben zu beschäftigen vermag. Eine Freundin meiner Eltern hat auf dem Sterbebett zu ihrem Mann gesagt, sie habe 47 Jahre mit ihm verbracht und bereue keinen einzigen Tag davon. Das mag kitschig klingen, ist aber doch erbaulicher als dieses Reue-Zeugs.

Dieses Reue-Zeugs enthält ja auch eine versteckte Agenda. Es macht nämlich Reklame dafür, dass man die «Top Five» der bereuten Dinge gefälligst früher im Leben erledigen oder bleiben lassen soll. So wie es diese Reiseführer mit Bucketlist der hundert Orte gibt, die man vor seinem Ableben noch besucht haben sollte. Es mag ja sein, dass manche Leute beim Sterben eher an die verpassten Gelegenheiten als an die schönen Momente des Lebens denken. Das ist vermutlich Geschmackssache. So wie es aber eben auch Geschmackssache ist, was man bereut.

Zurückblicken statt nach vorne

Die meisten Menschen blicken, wenn sie älter werden, vermehrt zurück statt nach vorne, bis sie sich im hohen Alter vielleicht ganz in der Vergangenheit verlieren. Mein Vater wehrte sich vehement gegen diese Alterserscheinung. Er verweigerte sich den Erinnerungen oder teilte sie jedenfalls nicht mit anderen. Die Vergangenheit sei uninteressant, pflegte er zu sagen, wenn ich ihn nach seiner Kindheit, nach Jugenderlebnissen oder anderem aus der Vergangenheit befragte. Daran hielt er eisern fest, auch dann noch, als ihm kaum mehr etwas anderes blieb als die Vergangenheit. Ich fand das unmöglich, nicht nur, weil ich mir gewünscht hätte, dass er seine Erinnerungen mit mir teilt, sondern weil er dadurch in dem Masse zu verschwinden schien, wie seine Zukunft und Gegenwart bedeutungsloser wurden. Nostalgie ist doch keine Schande, sondern ein Abbild unseres Lebens.

Ein jeder darf so nostalgisch sein, wie er mag. Er darf nur nicht erwarten, das andere diese Nostalgie teilen. Ich fürchte, der «soziale Tod», der dem physischen vorausgeht, besteht tatsächlich darin, dass man bedeutungsloser wird, weil Gegenwart und Zukunft immer mehr schrumpfen. Ich weiß nicht, wie sehr es hilft, die Vergangenheit dagegen zu setzen. Denn die Vergangenheit erfährt in diesem Prozess auch einen Bedeutungsverlust. Vergangenheit ist von Interesse in ihrem Bezug zur Gegenwart und zur Zukunft; als ‹reine›, persönliche Vergangenheit erstarrt sie zur Anekdote, und solche Anekdoten werden schnell einmal so schal wie die Witze unermüdlicher Witzeerzähler.

Das sehe ich anders. Warum sollen Gegenwart und Zukunft mehr wert sein als die Vergangenheit? Ich glaube nicht, dass die Erinnerungen uns dem Leben entreißen, eher, dass sie uns am Leben erhalten: Wir sind zunehmend das, was hinter uns liegt, und immer weniger das, was vor uns liegt. Das verändert uns, macht uns aber deswegen nicht uninteressant. Zu oft erzählte Anekdoten mögen schal sein, das gilt auch für Zwanzigjährige. Ich erlebe den Austausch von Erinnerungen aber oft als Zeichen von Lebendigkeit, die verbindet: Wenn ich mit meiner ältesten Freundin über Streiche rede, die wir den Lehrern vor 35 Jahren spielten, über Demos, an denen wir teilnahmen, oder über tote Musiker, die wir noch ganz lebendig an Konzerten erlebt haben, fühlen nicht nur wir beide uns sehr lebendig, auch unsere Kinder nehmen uns dann so wahr. Wir zehren nicht nur von dem, was vor uns liegt.

Ja, das stimmt. Aber es ist nicht lebendig, wenn das Repertoire der Anekdoten auf ein paar immer wieder erzählte Erinnerungen schrumpft und man schließlich nur einen Refrain von sich gibt, den alle mitsingen können. Man kann sich ja auch – wenn man denn kann – an bisher noch nicht Erinnertes erinnern, man kann die eigene Vergangenheit unter anderen Aspekten erkunden, man kann neue Verbindungen zur Gegenwart bauen, die nicht nur auf langweiligen Vergleichen beruhen, sondern auf der Herausarbeitung von Entwicklungen.

Begrenztheit des Lebens – Zumutung oder ein Glück?

Es gibt den Spruch, der das Leben mit einer Babyhose vergleicht: Es sei kurz und verschissen. Ich kann mich nicht entscheiden, ob ich das lustig oder niederschmetternd finde.

Niederschmetternd, weil ururalt.

Die Aussage vieler älterer Leute, das Leben gehe so schnell vorüber, war früher sehr abstrakt für mich. Ich dachte mir, die leben doch schon eine ganze Weile. Damals stellte ich mir vor, irgendwann sei es okay, keine Zukunft mehr zu haben, weil man dann alt und weise, gesättigt vom Leben und bereit fürs Sterben wäre. Inzwischen weiß ich, dass das ganz und gar nicht so sein muss. Bei meiner Großmutter, die zum Schluss nur noch in ihrem Altersheimbett lag, habe ich zwar tatsächlich miterlebt, wie ein Mensch irgendwann lebensmüde werden kann. Es gibt kranke oder unglückliche Menschen, die so sehr leiden, dass sie nur noch sterben wollen. Aber sonst stelle ich fest, dass Achtzigjährige, abgesehen von ein paar Altersgebrechen, genauso im Leben stehen wie ich oder meine 17-jährige Tochter. Mit dem kleinen gewichtigen Unterschied, dass sie das Leben nicht mehr vor, sondern hauptsächlich hinter sich haben. Ihre Zukunftsperspektive ist der Tod. Das Sterben fällt uns nicht unbedingt leichter, nur weil wir steinalt geworden sind, es rückt uns einfach viel näher auf die Pelle.

Dem kann ich nur zustimmen. Proust hat in ‹Tage des Lesens› die traurige Zumutung, ja die Grausamkeit beschrieben, die darin besteht, dass der Autor eines Buches, dessen Protagonistinnen wir geliebt haben, irgendwann einmal beschließt, dass das Buch nun zu Ende ist. Ich habe mir als Kind gewünscht, dass die Reihe der Enid-Blyton-Bände unendlich ist. Aber Enid Blyton ist just in dem Moment gestorben, als ich begann, ihre Bücher zu verschlingen. Es gibt auch aus meiner Lektürewelt als Erwachsener Figuren, in die ich verliebt war: Fräulein Smilla zum Beispiel. Ähnlich geht es mir mit den Personen aus manchen Netflix-Serien. Man möchte, dass sie für immer bei einem bleiben. Je älter man dann wird, desto klarer wird einem, dass man selbst das Problem ist: Man ist der Zuschauer, der nicht mehr erlebt, was die Menschen machen, die einem lieb sind – und zwar eben nicht nur die aus den Büchern und Serien. Das gefürchtete

Alleinsein beim Sterben gründet meiner Meinung nach nicht darin, dass einem beim Sterben keiner die Hand hält, sondern darin, dass mit dem eigenen Tod alle geliebten Menschen für einen genauso sterben wie man selbst für diese.

Sich mit der Begrenztheit der Zukunft arrangieren zu müssen, liegt nicht in unserer Natur, da mag der Tod noch so natürlich sein. Schon der 15-Jährige, der kein Fußballstar mehr werden kann, oder die Dreißigjährige, die zu alt ist für eine Model-Karriere, haben Mühe damit. Aber was ist, wenn uns die Zukunft buchstäblich zwischen den steifer werdenden Fingern zerrinnt? Obwohl wir mit dieser Perspektive zur Welt kommen, orientieren wir uns am Vorwärtskommen. Obwohl wir biologisch gesehen den größten Teil unseres Lebens regredieren, möchten wir uns stetig weiterentwickeln. Wir wissen zwar, dass wir irgendwann keine Zukunft mehr haben werden, sind aber nicht dafür geschaffen, das auszuhalten. Das Alter bedroht unsere Existenz – die unserer Eltern, Lebensgefährten, Freunde. Wie sollen wir dem mit Gelassenheit begegnen? Der Tod mag zur conditio humana gehören, ist aber höchst unmenschlich.

Was soll ich sagen? Ich bin auch dagegen. Tatsächlich ist nichts so doof wie die Versicherung, dass der Tod doch etwas ganz Natürliches sei.

Was ist mit dem Trost, dass ein ewiges Leben gar nicht erstrebenswert wäre?

Der ist schwach. Ein ‹Saures-Trauben-Argument›. Man könnte außerdem ja sagen: Es müsste gar nicht ewig sein. Irgendetwas zwischen 200 und 300 Jahren wäre schon mal voll okay. Wenn man dann auf den Geschmack kommt, verlängert man noch um das eine oder andere Jahrhundert.

Dann stimmt nicht, was wir unseren Kindern sagen, wenn sie sich vor dem Tod fürchten? Dass der Tod unser Leben auch lebenswert macht, dass wir anders fühlen, handeln, denken würden, wenn wir wüssten, dass wir ewig leben könnten. Dass das Leben besonders schön ist, weil es endlich ist. Was halten Sie von der Aussage, dass es den Tod braucht, damit wir Glück empfinden können?

Dieses Argument bringt Freud in seiner Schrift ‹Vergänglichkeit› – das Leben werde erst durch seine Endlichkeit für uns wertvoll. Das mag nicht unbedingt falsch sein, aber die Aussage wäre für mich glaubwürdiger, wenn wir beide Varianten ausprobieren könnten.

Der Literatur und der Kunst würde es allerdings arg an Stoff mangeln, und die schönen weisen Sätze über das Leben würden uns vielleicht nicht mehr so packen, wenn es den Tod nicht gäbe. Was ich sagen will: Unsere Fähigkeit und unser Hang zu intensiven Gefühlen, unser Wunsch, uns lebendig fühlen zu wollen, hat schon etwas mit dem Bewusstsein der Endlichkeit zu tun.

Aber es müsste ja nicht gleich der Tod sein. Es gibt auch sonst viele Endlichkeiten im Leben.

Zwischen den Welten

Der Tod ist das eine, das Warten auf ihn das andere. Mir ist aufgefallen, dass alte Menschen, bevor sie sterben – und manche schon sehr viel früher –, in einer Art Zwischenwelt leben. Ein Dasein in der Schwebe: Man lebt noch, fühlt sich aber schon nicht mehr zugehörig zum Leben, das um einen herum seinen Gang nimmt. Die Erwartung des Todes entzieht dem eigenen Leben die Substanz. Mein Vater hat sich in den letzten Jahren seines Lebens zunehmend diesem Zustand hingegeben. Er saß nächtelang an seinem großen Fenster mit Aussicht auf den See und schaute in die Weite. Auch wenn er am Alltag teilnahm, zum Beispiel an einem Familienessen, hatte ich das Gefühl, dass er nicht auf dieselbe Art präsent war wie wir anderen. Wenn seine Ferien im geliebten Süden vorüber waren, kehrte er nicht in den Alltag zurück. Er blieb innerlich an seinem Sehnsuchtsort, was er damit veranschaulichte, dass er seine Badehose nicht wegräumte, sondern am Treppengeländer hängen ließ. Damals konnte ich das nicht einordnen, heute glaube ich, dass er sein Restleben zunehmend auf einer Art Metaebene lebte. Als er starb, hatte ich erstmals selbst das Gefühl, neben dem Leben zu stehen. Seither fühle ich ab und zu, wie ich in diese Zwischenwelt abdrifte. Dann stelle ich mir vor, wie diese, wenn ich nochmals zehn, zwanzig oder dreißig Jahre älter bin, immer präsenter wird und schließlich den Zustand ablöst, den wir gemeinhin Leben nennen.

Das finde ich eine sehr schöne Beschreibung. Diese Art von Schwebezustand könnte mir gefallen. Aber ich weiß natürlich nicht, ob dieser Zustand sich bei mir auch einstellen wird. Menschen sind halt sehr unterschiedlich. Was ich jetzt schon feststelle, ist, dass ich inzwischen völlig frei von der Angst bin, irgendwo nicht dabei zu sein.

Ich bin mir nicht sicher, was ich von diesem Schwebezustand halten soll. Er hat etwas Beruhigendes, weil wir uns damit vor den Mühen des Lebens ebenso schützen wie vor der Drohgebärde, die der Tod aus der Perspektive des prallen Lebens darstellt. Das erinnert mich an den Jugendklassiker ‹Krabat› von Ottfried Preußler, der mich als Kind faszinierte: Die höchste Kunst der Zauberlehrlinge im Buch war jene, sich aus dem eigenen Körper hinauszubeamen und quasi als Geist auf das Leben der anderen zu blicken. Dieser Zustand schützte die Zauberlehrlinge vor dem tyrannischen Meister und brachte sie dem Tod gleichzeitig gefährlich nahe, auch weil er ein hohes Suchtpotenzial barg. Ähnlich kommt mir das Zwischenleben vor, in das sich viele Menschen früher oder später zurückziehen. Es ist gleichzeitig betörend schön und abgrundtief traurig.

*Vielleicht ist es irreführend zu meinen, man müsse sich einem bestimmten Zustand ganz hingeben. Warum sollte man im Alter nicht auch diese Art von Patchworkleben führen, das wir heute führen: mal Couch-Potato, mal begeisterter Engagierter, der den Student*innen etwas Neues erzählt, dann ein von allem Möglichen schnell Erschöpfter ...*

Leider begibt man sich nicht immer freiwillig in diesen oder jenen Zustand. Wenn ich meine Großmutter oder später meine Schwiegermutter im Altersheim besuchte, hatte ich jeweils das Gefühl, in die realen vier Wände dieser Zwischenwelt geraten zu sein. Ich kam mir vor wie in einem Warteraum, in dem die Leute auf ihren Termin mit dem Tod warten. Der Alltag war strukturiert wie in einer Kita – mit dem Unterschied, dass die Bewohner*innen nicht an diesem Alltag teilnahmen, sondern ihn über sich ergehen ließen: Die einen katapultierten sich bewusst oder unbewusst ins Nirvana, die anderen beklagten sich wie meine Großmutter bis zum Schluss über ihr Zwangszwischenleben, was sie zwar um einiges lebendiger, aber nicht minder traurig erscheinen ließ.

Das ist wirklich furchtbar. Darum graut es auch den meisten Menschen zu Recht vor dem Altersheim. Wie immer man ein solches Heim gestaltet, es bleibt eine Aufbewahrungsanstalt für die Noch-nicht-Toten, die ab und zu von den Lebenden besucht werden. Dass man seine Angehörigen so ungern im Heim besucht, hat meines Erachtens damit zu tun, dass über der Tür dieser Institutionen unsichtbar geschrieben steht «Ihr, die ihr eintretet, lasset alle Hoffnung fahren» – wie bei Dantes Hölle.

Angesichts des Altersheims, der Altersbeschwerden und des nahenden Todes ist es kein Wunder, wenn einem das Leben abhandenkommt. Vielleicht rührt die Vorstellung daher, dass es neben der realen Welt eine Geisterwelt gibt: Wir mutieren im Alter langsam zu Geistern, denen der Weg ins Jenseits noch versperrt ist.

Sterben als Flucht nach vorn ist immerhin ein origineller Gedanke. Ich kann mir vorstellen, dass manchen alten Menschen ihr Leben so erscheint. Umso mehr, wenn ihnen der Kontakt zum Leben der Jüngeren versperrt ist – aus welchen Gründen auch immer.

Dabei geben sich viele Altersheime betont lebensbejahende Namen wie Abendrot, Bellevue Residenz, Lebensgarten oder Sonnenplatz. Ich frage mich, ob die Verantwortlichen tatsächlich glauben, dass solche Namen positive Gefühle wecken. Mich beelenden sie jedenfalls stärker als pragmatische Bezeichnungen wie Alterszentrum Trotte.

Das sind die Pendants zu den Kinderkrippen «Gartenzwerg» und «Villa Kunterbunt». Man spürt die Absicht und ist verstimmt. Ich möchte aber auch in kein «Zentrum». Zentrales Altern kann nur ein Graus sein.

Das heißt, den idealen Namen für ein Altersheim gibt es nicht?

Nein, und zwar deshalb, weil der beste Name nichts an der tristen Wirklichkeit ändert. Es geht einem Krebskranken auch nicht besser, wenn er statt im «Krankenhaus» im «Gesundungshaus» liegt. Man spürt den Euphemismus überdeutlich.

Wenn das Sterben alltäglich wird

Die Aussicht, dass immer mehr Menschen um mich herum sterben, ist fürchterlich. Bis jetzt leben fast alle Menschen noch, die mir nahestehen. Aber der Verlust der einzelnen, die schon gestorben sind, hat mich bereits viel Kraft gekostet. Ich kann mir deshalb nicht vorstellen, wie es zu ertragen sein soll, dass diese Ungeheuerlichkeit sich wieder und wieder wiederholt. Übrig zu bleiben ist für mich ein Horrorszenario. Man lebt dann wie eine Zeitreisende in einer Epoche weiter, in die man gar nicht mehr hineingehört.

Meine Mutter starb, als ich Mitte vierzig war. Das war ein sehr schlimmes Erlebnis. Seitdem bin ich verschont geblieben von solchen einschneidenden Todesfällen. Vielleicht gewöhnt man sich daran. Mein Vater hat fast alle Geschwister verloren; er hat es relativ stoisch hingenommen. Nicht ungerührt, aber auch nicht untröstlich. Vielleicht ist das ein Automatismus des Alters, dass einen der Tod, mindestens der der anderen, nicht mehr so furchtbar umhaut. Das Horrorszenario der Kindheit, dass die Eltern oder die Großeltern sterben, wird alltäglicher. Meine ganze Kindheit stand unter dem Eindruck solcher teils sehr realistischen Ängste: Ich hatte Angst um meine immer wieder schwerstkranke Mutter und war paralysiert beim Gedanken an den Tag, an dem mein Großvater, der in dieser Zeit mein Muttterersatz war, sterben würde. Ich habe einmal gedacht, ich hätte mit meiner Geschichte gleichsam schon für alle Zeiten vorgetrauert. Das hat sich dann beim Tod meiner Mutter als Irrtum erwiesen.

Ich habe bereits ein paar Mal ältere Bekannte gefragt, wie sie es aushalten, dass immer mehr Leute sterben, die ihnen nahestehen. Die Quintessenz der Antworten: Es bleibt einem nichts anderes übrig, als sich damit abzufinden. Manche raten, man solle sich im Laufe des Lebens genügend gute Freunde zulegen, damit einem möglichst bis zum Schluss welche erhalten bleiben. Andere sagen, ein reges Vereinsleben als Seniorin helfe dabei, im Alter munter zu bleiben, auch wenn rundum alle sterben. In solchen Vereinen gibt es immer welche, die nachrutschen, also jünger sind als man selbst und vermutlich länger leben. Ich persönlich sehe in der Senioren-Jassgruppe allerdings keinen Ersatz für die Menschen, die mir im Leben am wichtigsten sind.

Das sehe ich auch nicht. Als Ersatz taugen auch nicht gemeinsame Wanderungen, Handorgelkonzerte, Lesungen – was auch immer. Mit niemandem (außer meinem Sohn) kann ich Netflix schauen wie mit meiner Frau. Das liegt nicht daran, dass sie sich besonders kunstvoll auf dem Sofa drapierte oder eine besonders anspruchsvolle Netflix-Konsumentin wäre, sondern daran, dass ich mit keinem anderen Menschen zusammen auf dem Sofa vor dem Fernseher sitzen möchte. Mit anderen Leuten etwas Schönes zu unternehmen, ist kein Ersatz für ihre Präsenz. Das heißt nicht, dass ich nicht gerne mit anderen Menschen rede und etwas unterneh-

me. Aber die Lücke, die jemand hinterlässt, lässt sich nicht einfach mit anderen Menschen und Aktivitäten füllen.

Manche trösten sich damit, dass sie Kinder haben, die noch da sind, wenn alle Älteren und Gleichaltrigen gestorben sind. Kinder, die einem auf dem Sterbebett die Hand halten werden. Ich glaube tatsächlich, dass mir das Älterwerden dank meiner Kinder leichter fällt, weil sie alles, was mir abhanden kommt, weiterleben. Das relativiert die Verlustperspektive. Aber ich glaube nicht, dass meine Kinder mir meine Einsamkeit abnehmen können, wenn meine Welt schwindet – weil sie ganz woanders im Leben stehen als ich.

Das geht mir auch so. Mein Sohn ist mir, wenn ich ans Sterben denke, der einzige Trost – aber eben auch nur in diesem eingeschränkten Sinn; man bleibt alleine mit sich und der Überschuss an Bedürftigkeit wächst, den einem niemand abnehmen kann.

Ich kann es mir heute zwar nicht vorstellen, aber möglicherweise gewöhnt man sich tatsächlich ein Stück weit ans Sterben um einen herum. Bei manchen kommt es mir fast vor, als würden sie um die Wette weiterleben, jeden Tod als kleinen Triumph über das eigene Sterben registrieren und Beerdigungen als ähnliche Fixpunkte in ihrem Sozialleben betrachten wie einst die Hochzeiten.

Beerdigungen haben mindestens in dieser Hinsicht etwas Tröstliches, als man nicht nur die Toten verabschiedet, sondern zugleich mit den Überlebenden das Leben feiert.

Dass das Sterben alltäglicher wird, spiegelt sich auch in den Reaktionen alter Menschen auf Todesfälle in ihrem Umfeld.

Ich erlebe das auch in der ältesten Generation meiner eigenen Verwandtschaft. Die Nachricht vom Tod ist kein Schock mehr, sondern wird eher rapportiert: «Jetzt ist auch noch der- oder diejenige gestorben.» Wenn ich dann jeweils den Namen der Verstorbenen oder des Verstorbenen höre, weckt er Kindheitserinnerungen in mir: Ich erinnere mich zum Beispiel daran, dass die Person ein halbes Leben eine gute Berufskollegin der Eltern und oft bei uns zu Besuch war, oder dass sie Kinder in meinem Alter hatte und unsere Familien mehrmals Ferien zusammen verbracht haben. Dann frage ich mich, warum der Tod dieses Menschen das Leben der zurückgebliebenen Freunde nicht merklich aus der Bahn wirft. Vielleicht trauert man im Alter anders, weil man selbst schon nicht mehr im Leben steht, das einem mit den Toten verbindet. Vielleicht verliert der Tod der Anderen an Schrecken, wenn man selbst bereits mit einem Fuß im Grab steht. Oder vielleicht ist die Trauer einfach so grundsätzlich geworden, dass ihr die Kraft des Widerstands fehlt, mit der jene dem Tod begegnen, die noch mitten im Leben stehen.

Das ist alles richtig. Je älter man wird, desto weniger ambivalent ist wahrscheinlich die Freude, dass man noch lebt. Das Schuldgefühl darüber, dass man lebt, während der andere schon tot ist, wird ja dadurch gemildert, dass es so endlos lange nicht mehr dauern wird, bis man auch tot ist. Das stiftet eine neue Form der Solidarität zwischen Toten und Noch-nicht-Toten. Aber es gibt noch einen schlichten anderen Grund für die relative Ungerührtheit gegenüber dem Tod Anderer, der uns aber etwas peinlich ist: Es ist die Lockerheit unserer Bindungen. So viele Menschen haben nicht Platz in unserem Herzen, auch wenn wir ihnen – der ersten großen Liebe oder dem besten Freund aus dem Gymi – diesen Platz eigentlich gerne einräumen möchten. Ihr Tod ist traurig, aber er bricht uns nicht das Herz.

Aktivierung gegen den Altersblues?

Kürzlich war ich an einem Seniorennachmittag. Die Leute trudelten schon über eine Stunde vor Beginn der Veranstaltung ein, der Saal war rappelvoll, als das Programm startete: Nostalgie-Chor, Clowns, eine Fabellesung. Das Publikum ließ das Programm mehr oder weniger interessiert über sich ergehen und bekam Milchkaffee serviert. Manche summten oder klatschten mit. Viele wirkten aber eher wie ‹bestellt und nicht abgeholt›. Die Veranstaltung erinnerte mich an die vielen Kita- und Schulfeste, die ich mit meinen Kindern durchgemacht habe, nur dass es dort um einiges lebendiger hergegangen ist. Ist es überheblich zu finden, dass so etwas grässlich ist? Es kommt mir vor, als würden solch gut gemeinte Freizeitprogramme der Zunahme von Demenz bei alten Menschen erst recht Vorschub leisten. Am besagten Seniorennachmittag stand jedenfalls einer der teilnahmslos wirkenden Gäste plötzlich auf und ging zu einem großen Bildschirm, der noch von einer anderen Veranstaltung im Saal stand. Es war eine Installation, bei der man mit einer 3-D-Brille virtuell über die Region fliegen konnte. Der alte Herr sagte, er sei nun neunzig und wolle so etwas schon lange mal ausprobieren – ob er sich die Brille aufsetzen dürfe.

Was soll ich dazu sagen, außer dass ich das so grauenhaft finde wie Sie, wie ich übrigens allen organisierten Frohsinn grauenhaft finde, sogar Kindergeburtstage. Das geht freilich nicht allen Menschen so. Aber es gibt eben auch solche wie Sie und mich. Wenigstens im Alter möchte ich von der Last befreit sein, gut gelaunt bei irgendeinem Kokolores mitzumachen, nur damit die Veranstalter nicht enttäuscht sind.

Offensichtlich gibt es eine breite Zielgruppe für derlei Kokolores. Der Seniorennachmittag war von der Besucherzahl her der Renner, obwohl wie gesagt viele Teilnehmende nur mäßig am Programm interessiert schienen. In den Altersheimen gibt es durchaus Leute, die sich über die Weihnachts- und Osterfeiern freuen und gerne ins Altersturnen oder zum gemeinsamen Kinoabend gehen.

Sicherlich gibt es die. Ich habe auch nichts gegen Weihnachtsfeiern; ich möchte nur nicht dabei sein müssen. Das Schlimme ist nicht, dass in diesen Institutionen den Menschen ein Programm angeboten wird, sondern die unausrottbare Überzeugung, dass eine Teilnahme aller für alle am besten wäre. Und dass Gesellschaft, egal welche, grundsätzlich dem Alleinsein vorzuziehen sei. So wie man von Kindern annimmt, dass sie grundsätzlich mit jedem anderen Kind spielen können, geht man bei alten Menschen davon aus, dass sie grundsätzlich gerne beisammen sind.

Freud beschreibt die Arbeit, die uns die Trauer aufnötigt, phänomenologisch sehr gut. Unsere Liebe klebt wie ein Kaugummi an allen Erinnerungen, Dingen und Orten, die wir mit einem geliebten Menschen in Verbindung bringen. Wie ein Tatortreiniger sind wir nach dessen Verlust gehalten, diese Liebesreste abzulösen. Das ist sehr plausibel. Was aber geschieht nach geleisteter Trauerarbeit? Dann, sagt Freud, ist das Ich wieder frei für neue Liebesobjekte. Das ist nicht ganz falsch, aber auch nicht wirklich richtig. Es bleiben Narben, ein Gefühl für die Unersetzlichkeit dieser Person. Alte Menschen, die allein sind, behandelt man aber oftmals so – natürlich auch zum reibungslosen Funktionieren der Institution –, als müsse es ihnen egal sein, mit wem sie sich zusammentun. Objekt ist Objekt. Schau'n Sie mal, Herr Schneider, Frau

Schafroth ist doch auch ganz alleine! Da setzen wir Sie doch zusammen an einen Tisch.

Unlängst bin ich auf den Beruf der «Fachperson Aktivierung» gestoßen. Diese Fachperson hilft alten Menschen, ihre Ressourcen besser zu nutzen, um aktiv und selbständig zu bleiben. Mein erster Gedanke, als ich auf diese Berufsbezeichnung stieß: Wie um Himmels willen kommt man darauf, einer sozialen Tätigkeit eine solche Bezeichnung zu geben? Die Vorstellung, dass ich als alter Mensch «aktiviert» werde, ist schlicht entwürdigend.

Unser Gespräch wird an dieser Stelle etwas einseitig, weil ich nur noch zustimmend nicken kann.

Meine Kritik an der Berufsbezeichnung bedeutet nicht, dass die damit gemeinte Tätigkeit schlecht ist. Interessanterweise bemühen sich Berufsgruppen im Sozialbereich mit einem solchem Vokabular darum, professionell wahrgenommen zu werden: Obwohl es in ihren Berufen um den Umgang mit Menschen geht, soll ihre Tätigkeit möglichst technisch wirken und nicht nach etwas Zwischenmenschlichem klingen. Darum wird jemand, der sich um alte Menschen kümmert und ihre Lebensqualität verbessert, zur Aktivierungs-Fachperson.

Wenn man sich Komödien und allgemein Filme anschaut, die vom Alter handeln – angefangen bei ‹Harold und Maude› bis zum ‹Hundertjährigen, der aus dem Fenster stieg› oder dem großartigen ‹Gran Torino› mit Clint Eastwood, dann stellt man fest, dass das Alter nur zur Unterhaltung taugt, wenn es unbotmäßige, unangepasste alte Menschen zeigt, die nicht in Altersheime passen und nicht von Aktivie-

rungsspezialisten aktiviert werden wollen. Wundert einen das?

Allerdings taugt der stinknormale Alltag generell nicht zur Unterhaltung. Wir schauen uns gerne Jennifer Lawrence an, wie sie als russische Agentin durch Nobelrestaurants turnt oder in Hotelsuiten den Feind im Bett tötet. Mit uns und unserem Arbeitsleben hat das null Zusammenhang. Genauso wenig hat der ‹Hundertjährige, der aus dem Fenster stieg› mit der Realität in Altersheimen zu tun. Er bedient lediglich eine Sehnsucht.

Ihr Argument überzeugt mich nur zum Teil. Natürlich sind Unterhaltungsfilme nicht dazu da, die Realität unverfälscht abzubilden. Aber es kommen in Filmen auch Restaurants vor, in denen keine Agentin von Kronleuchter zu Kronleuchter hechtet. Sondern Restaurants, die eine schöne Kulisse bieten für eine Handlung, die mit dem Restaurant selber nichts zu tun hat. Wie etwa das ‹Katz's› für die Orgasmus-Szene in ‹When Harry met Sally›. Seither besuchen noch mehr New-York-Touristen das Restaurant. Ich kenne keinen Film, in dem ein Altersheim vorkommt, bei dem man als Zuschauer denkt, da möchte ich mich gern anmelden. Das wäre eine tolle Kulisse für meinen Lebensabend, hier möchte ich von einer Fachperson aktiviert werden.

Um es mir nicht mit einem reinen Begriffs-Bashing zu einfach zu machen, habe ich recherchiert und mir ein Video mit einem Berufsporträt angeschaut. Das Konzept an sich erschien mir nicht schlecht: Man bietet den Menschen in den Pflegeinstitutionen freiwillige Aktivitäten an, die ihren individuellen Möglichkeiten und Interessen entsprechen. Allerdings erschreckte mich, dass die sogenannten «individuellen» Angebote dann doch sehr uniform und kindisch waren. Ich bin zeichnerisch kaum je über Strichfiguren hinausgekommen und kann mir nicht vorstellen, dass mich im Alter eine Maltherapie beleben wird. Auch basteln oder häkeln ist nicht mein Ding. Ein Abend mit einer guten Freundin ist für mich sehr anregend, aber ich zweifle sehr daran, dass der Frauenstamm im Altersheim mir diese Freude je ersetzen kann. Wollen die meisten alten Leute tatsächlich malen, Kinderclowns sehen oder einem Landfrauenchor zuhören? Können sie nur noch das? Oder finden sie sich mangels Alternativen einfach mit den Angeboten ab, die ihnen serviert werden, weil Fachpersonen sie als altersgerecht einstufen?

Wer einen «Buurezmorge» mag und gerne Gölä und Trauffer gehört hat und am liebsten ‹SRF bi de Lüt› schaut, ist mit solchen Angeboten vielleicht recht gut bedient. Was so furchtbar ist: Alle reden zwar von Individualisierung, aber letztlich behandelt man die Alten trotzdem als eine homogene Masse. Ähnlich ergeht es den Kindern: Sie wollen Hüpfburgen und Fußballspielen und Clowns. Ich wollte das als Kind nicht. Darum war ich ein seltsames Kind.

Ich war ein stinknormales Kind, liebte Achterbahnen, hüpfte mit Freuden auf Trampolinen herum und spielte gerne die Rote Zora. Vermutlich werde ich also auch eine stinknormale Alte. Trotzdem kann ich mir nicht vorstellen, ins Aktivierungsprogramm der Altersheime zu passen. Aber das wandelt sich ja vielleicht noch zu meinen Gunsten und ich kann dort dereinst mit meinen Freundinnen Karaoke zu ‹Mamma Mia› singen, einen Cocktail bestellen und zu den neusten Hits durch den Aufenthaltsraum wippen.

Mit Alkohol geht ohnehin alles besser.

Was ich mich noch gefragt habe: Können sich die Fachleute wohl vorstellen, in die Rolle der von ihnen Aktivierten zu schlüpfen?

Vielleicht gehört es zum Berufsprofil, dass man sich so einen Rollentausch durchaus vorstellen kann. Einfach aus dem Grunde, weil man selber Basteln, Malen und Clowns mag.

Das glaube ich nicht. Die junge Frau im Video wirkte überhaupt nicht so, als ob sie in ihrer fernen Zukunft selbst mit Zirkusprogrammen aktiviert werden möchte.

Aber vielleicht entspricht sie doch dem Typus, der ein Tattoo trägt: «Träume nicht Dein Leben, sondern lebe Deinen Traum».

Solche Typen mag es geben, aber die meisten Aktivierungsfachpersonen sind nicht mehr oder weniger auf den Kopf gefallen als Sie und ich. Ich glaube tatsächlich, dass man sich selbst – wahrscheinlich eben auch als Fachperson – seine Realität als richtig alter Mensch schlicht nicht vorstellen kann. Wenn man Menschen sieht, die gebrechlich oder dement sind, nimmt man automatisch die große Differenz zu sich selbst wahr. Das ist wahrscheinlich auch mit siebzig oder achtzig noch so. Die Aussicht, selbst an der Stelle des anderen oder der anderen zu sein, macht einem Angst oder man kann sich jedenfalls kein Bild davon machen. Ich konnte mir mit zwanzig vorstellen, wie es sein könnte, wenn ich Kinder bekomme. Ich kann mir heute ausmalen, wie es sein wird, wenn ich mit 65 noch mehr Falten habe und noch schneller müde werde. Aber mich selber als dement zu imaginieren – das ist, als müsste ich mir mich als Fremde vorstellen.

Demenz ist definitionsgemäß ein Zustand der Selbstentfremdung. Ich und meine Welt sind miteinander verwoben. Wenn mir der Bezug zur Welt abhanden kommt, komme ich mir selbst abhanden. Darum können wir uns zwar als etwas vergessliche oder zerstreute Alte vorstellen und damit sogar kokettieren, eine wirkliche Demenz hingegen übersteigt unsere Vorstellungskraft.

Demenz ist das extremste Beispiel, aber wir können und wollen uns auch sonst nicht mit der Lebenssituation identifizieren, die alte pflegebedürftige Menschen für uns verkörpern. Wir können uns uns nicht als alte Frau vorstellen, die im Rollstuhl sitzt und sich beim Essen bekleckert. Wir erkennen uns nicht wieder im alten Mann, der inkontinent ist und schreiend durch die Altersheimflure humpelt. Sie haben am Anfang unserer Unterhaltung gesagt, Altern könne als eine Kombination von Verlust und Gewinn beschrieben werden. Wo bleibt hier das Zuwachsmodell? Fehlt uns einfach der Blick dafür? Kann man solchen Zukunftsaussichten wirklich nichts abgewinnen oder sie zumindest ein klein wenig schönreden?

Ich muss da gar nichts schönreden: Mein Leben ist bis jetzt wenig nach dem Verlustmodell verlaufen. Ich war wie gesagt ein ältliches Kind, und mein Alter passt inzwischen immer besser zu meinem Grundgefühl. Meine Rückenbeschwerden sind mir zwar lästig, aber da ich nie sportlich war, sind sie für mich gleichsam keine Anzeichen dafür, dass ich nicht mehr kann wie ich möchte. Es ist weiterhin eher so, dass ich nicht möchte wie ich sollte. Mein Bauchfett war immer schon Bauchfett und hat sich nicht erst aus vormaliger Muskelmasse in Fett verwandelt. Ich hatte in jungen Jahren öfter das Gefühl, etwas zu verpassen, als heute. Das ist die angenehme Sei-

te, wenn man erst mit sagen wir fünfzig die Phase der Lebenszufriedenheit erreicht. Dafür blüht mir der Verlust in der Zukunft: Mein derzeitiger guter Verdienst wird nicht zu halten sein, wenn ich weniger und erst recht nicht, wenn ich gar nicht mehr arbeite. Die umfangreiche Bibliothek, die ich mir geleistet habe, wird zur unverkäuflichen Last, meine Praxis zum Fall fürs Brockenhaus. Und so weiter.

Wer weiß, vielleicht ist der Verlust, den Sie beschreiben, dann gar nicht so schlimm, weil Sie im Alter eh lieber ‹SRF bi de Lüt› schauen. Vielleicht bekomme ich doch noch Freude am Malen oder Basteln und freue mich auf das Konzert des Nostalgie-Chors. Vielleicht reden wir uns nur ein, dass wir sowas nie möchten, weil wir uns heute in dieser Vorstellung nicht gefallen.

Vielleicht bekommen wir beide mit neunzig Lust am Malen, aber wahrscheinlich nicht deshalb, weil Malen für Neunzigjährige eine naturwüchsige Beschäftigung ist.

Vielleicht sind wir auch einfach nur verknorzt und sollten uns um ein natürlicheres Verhältnis zur Regression bemühen, die uns bevorsteht. Es ist gewiss lustiger, am Frauenstamm im Altersheim teilzunehmen, als jahrelang still und einsam vor sich hinzudümpeln.

Der Tod ist ein großer Gleichmacher, sagt man. Ich fürchte, das Alter ist dies auch. Wir sind nicht verknorzt, sondern insistieren nur auf unsere Individualität – mit allen Marotten – und darauf, dass uns manche Aussichten eher deprimieren als erfreuen.

Gibt es einen wünschenswerten Tod?
Im Altersheim zu sterben wünscht sich kaum jemand. Meine Großmutter hat immer gesagt, sie möchte nicht ins Altersheim, meine Schwiegermutter ebenso, und doch sind beide – wie wohl die Mehrheit der Menschen, die ein hohes Alter erreichen – dort gestorben. Genauso graut uns vor schlimmen Krankheiten und dem langen Leidensweg, von dem wir allzu oft in Todesanzeigen lesen, auch wenn der Tod in dem Fall, wie es die Todesanzeigen ebenfalls vermerken, wohl eine Erlösung ist.

Vielleicht ist er eine Erlösung in der Art, wie wir sie uns bei einer Lebensmittelvergiftung imaginieren, wenn wir uns wünschen, dass wir lieber tot wären. Nur, dass es hier um das wirkliche Sterben und den Tod geht. Möglicherweise gibt es tatsächlich nur einen kleinen Unterschied zu diesen temporären Erlösungsphantasien, die wohl jeder kennt; aber genauso gut kann der Unterschied groß sein; und wahrscheinlich ist diese Wahrnehmung von Individuum zu Individuum und von Situation zu Situation verschieden.

Theoretisch wäre der ideale Tod, freiwillig und schmerzfrei zu sterben, weil das schließlich nach einem «langen und erfüllten Leben» – auch so eine beliebte Floskel in Todesanzeigen – völlig in Ordnung ist.

Das klingt gut; aber ich mag eigentlich nicht gern über das Sterben spekulieren. Ich weiß, man ist dazu geradezu verpflichtet, weil man den Tod ja nicht verdrängen soll. Aber darum geht es nicht. Wenn über das Sterben räsoniert wird, dann habe ich immer den Eindruck, man solle sich schon in vorauseilendem Gehorsam mit den Sterbe-Richtlinien identifizieren, welche die Gesellschaft für einen bereithält.

Dass über das Sterben räsoniert wird, hat auch mit den Ängsten zu tun, die damit verbunden sind. Wir fürchten uns davor, krank zu sein, zu leiden, erst abgeschoben und dann aktiviert zu werden. Wir möchten nicht jahrelang im Nirvana einer Demenz im Pflegheim weiterleben und dort erst sterben, wenn man uns längst abgeschrieben hat.

Das Leben und das Sterben sind kein Wunschkonzert.

Aber das Leben kann man beeinflussen, das Sterben nicht.

Auch das Leben kann man nur bedingt beeinflussen.

Aber das Wörtchen «bedingt» macht den entscheidenden Unterschied aus. Der Tod bedeutet Ohnmacht in Reinform.

Ja.

Sie glauben also nicht, dass manche Tode wünschenswerter sind als andere?

Ich bin noch nie gestorben, wie soll ich wissen, was dann für mich richtig ist? Man ist durch solche Sterbe-Phantasien angehalten, sich gegenüber sich selbst pädagogisch zu verhalten – wie ein Erwachsener (mein heutiges Ich), der einem Kind (meinem sterbenden Ich) erklärt, wie es richtig geht.

Beim Räsonieren über den Tod fällt oft der Satz: «Ich möchte am liebsten tot umfallen, oder einfach zu Hause in meinem Bett friedlich einschlafen.» Ich teile die mit einem mühseligen leidvollen Sterben verbundenen Ängste, aber der überraschende Tod ist mir auch nicht geheuer: Wenn ich mir vorstelle, dass ich gleich, nachdem ich diese Sätze geschrieben habe, rausgehe zum Einkaufen und von einem Auto zu Tode gefahren werde, löst das eher Panik in mir aus, als dass es mich entlastet. Auch die Möglichkeit, dass ich mit neunzig einen Herzinfarkt kriege und dann noch stundenlang alleine in meiner Wohnung im Sterben liege, ist nicht beruhigend. Oder dass mir passiert, wovor sich alle Kinder vor dem Einschlafen fürchten: Ich gehe heute Abend ins Bett und wache morgen nicht mehr auf.

Ich fürchte, ich finde Sterben auch in allen möglichen Formen beunruhigend. Ich habe keinen Respekt vor dem Sterben, sondern Angst.

Wenn ich mir die verschiedenen Szenarien vor Augen führe, kommt mir das Räsonieren über wünschenswerte und nicht wünschenswerte Todesformen absurd vor. Man redet über das Unerhörte, als würde man die Vor- und Nachteile verschiedener Familienmodelle diskutieren.

Es ist auch deshalb schwierig, über das Sterben zu sprechen, weil alle Plattitüden bereits gesagt sind. Nicht nur ein paar, sondern abertausende Male, jedesmal freilich mit einer Inbrunst, als würde dieser Gedanke zum ersten Mal formuliert: Ist das Leben nicht von allem Anfang an ein Vorlaufen zum Tod (Heidegger) und müssten wir den Tod allein deshalb nicht fürchten, weil er ja kein Teil des Lebens mehr ist (die Stoiker). Außerdem ist der Tod ganz natürlich, wir alle müssen schließlich sterben, früher oder später. Das Leben ist ein Kommen und Vergehen, und es wäre schlimm, wenn wir ewig lebten (Volksmund).

Ein verbreitetes Thema ist auch der richtige Zeitpunkt. Man möchte natürlich nicht jung sterben, aber auch nicht so alt werden, dass man Aktivierungsfachleute braucht und sich über Seniorennachmittage mit Kasperli-Theater freuen muss.

Aber zwischendurch ist es auch nicht gut. Das zeigt, wie absurd diese Diskurse sind, die dem Sterben etwas subjektiv oder objektiv Richtiges abgewinnen wollen. Mir jedenfalls wird es kaum jemals leichtfallen. Es ist vielleicht wie mit dem Ausfüllen der Steuererklärung – das Sterben kommt immer ungelegen, muss aber irgendwann sein.

Die Angst, man könnte den richtigen Zeitpunkt zum Sterben verpassen, ist aber ziemlich verbreitet.

Das stelle ich mir in der Tat blöd vor, wenn man eines Tages feststellen muss, der ideale Zeitpunkt wäre bereits vor zwei Jahren gewesen.

Mein Vater hat mich immer in Aufruhr gebracht mit seiner Aussage, er wolle keinesfalls älter als siebzig werden. Als es dann soweit war, lebte er einfach weiter, wurde immer gebrechlicher und stiller und erlitt vieles von dem, was er unbedingt hatte vermeiden wollen. Ich bin froh darüber, dass er die elf Jahre, die ihm nach siebzig noch geblieben sind, gelebt hat und ich glaube, dass er, obwohl er das nie so gesagt hätte, trotz allem auch froh darüber war – in dem beschränkten Maße, wie man froh sein kann, wenn man erlebt, wie einem das Leben entgleitet und man selbst dem Leben auch. Die Auseinandersetzung mit dem richtigen Zeitpunkt und der richtigen Art zu sterben erscheint mir müßig. Es ist ebenso hoffnungslos, wie wenn Föten sich damit beschäftigen wollten, welches die angenehmste Art ist, zur Welt zu kommen. Wir können Geburt und Tod weder verhindern noch darüber bestimmen, beides geschieht uns einfach. Wobei Föten vermutlich der Vorstellung, ins Leben katapultiert zu werden, weniger abgeneigt sind, als wir der Aussicht, aus dem Leben gekippt zu werden.

Das sehe ich auch so. Über den Tod und das Sterben wird in der Regel vernünftelt, was das Zeug hält. Einigermaßen originell, kontraintuitiv und aufmüpfig steht im tristen Reigen der abgelutschten Sterbeweisheiten immerhin Elias Canettis Diktum «Ich anerkenne nicht den Tod».

Wie geht das, beziehungsweise was bedeutet dieses Diktum konkret?

Es bedeutet konkret eben nichts. Letztlich ist es eine etwas bizarre Pose.

Es ist immerhin ein Versuch, nicht zu vernünfteln. Wohltuend renitent und ganz und gar nicht hilfreich. Eine ebenso vernunftfreie Umgangsform mit dem Tod, die aber mehr Trost verspricht, zeigt sich in den Botschaften vom «Leben danach», vom Paradies oder von der Wiedergeburt.

Die uneingeschränkt vorfreudige Überzeugung, dass der Tod nur die Pforte zum Ewigen Leben sei, hört man schon seit längerem nur noch sehr selten.

Aber nach wie vor gibt es Glaube und Hoffnung in vielerlei Ausprägungen. Manche Leute folgen esoterischen Strömungen, andere nähren ein vages Gefühl, dass da noch etwas sei, eine höhere Macht, eine andere Form der Existenz oder was auch immer.

Aktuell stellen die Leute sich das postmortale Fortleben gerne in Bildern und Begriffen vor, in denen Quantenmechanik, die neuesten Erkenntnisse aus Neurowissenschaft und Kosmologie sowie feinstoffliche Spiritualität zu einer spezifischen Art von Metaphysik amalgamiert sind, wie sie pensionierte Maschinenbauingenieure pflegen, die in ihrer Freizeit am Perpetuum mobile tüfteln.

Das klingt eher kreativ als verwerflich.

Halt die Art von Flachsinn, die man produziert, wenn man «sich immer schon für Philosophie und Spirituelles» interessiert hat, aber leider gezwungen wurde, Maschinenbau zu studieren.

Es ist nicht unbedingt flachsinnig, wenn Leute nicht glauben wollen, dass da nichts ist. Schließlich haben wir alle nur begrenzte Informationen über Leben und Tod. Außerdem sind längst nicht alle, die denken, der Tod sei nicht das endgültige Ende, religiös oder esoterisch. Ich halte den Glaubenskrieg zwischen Gläubigen, Atheisten und Agnostikern für unsinnig: Ist doch wurscht, was man glaubt, wenn es nur nicht penetrant wird für die anderen und man sich selbst damit nicht im Weg steht.

Wir haben uns inzwischen schon so sehr daran gewöhnt, religiösen Glauben als eine Privatsache zu betrachten, dass wir höchst irritiert sind, wenn Glaubensdinge in den öffentlichen Raum hineinspielen. Denken Sie an den «Marsch fürs Leben» mancher Christen oder die islamischen Jenseitsvorstellungen, mit denen wir meistens nur im Zusammenhang terroristischer Auslegung konfrontiert werden. Der Atheismus ist im Vormarsch, aber das heißt nicht, dass es nicht weiterhin

Jenseitsvorstellungen gibt, und diese nicht auch öffentlich wirksam sind. Nehmen Sie die säkularste und simpelste Form einer Jenseitsvorstellung, die wir im Zusammenhang mit der Klimakrise besonders gut beobachten können: die Frage nach der Zukunft unseres Planeten. Diese Frage berührt das Problem des Jenseits in einem sehr vernünftigen Sinn: Ja, es gibt ein Jenseits von mir, und dieses Jenseits besteht aus der Welt, die ich selbst nicht mehr erleben werde, in der aber andere Menschen leben müssen (nicht nur meine Kinder und Enkel). Menschen, die ich nicht kenne und niemals kennenlernen werde. Die Frage in Bezug auf mein Verhalten und das Schicksal dieser Menschen lautet nicht: Komme ich in die Hölle, wenn ich mich nicht bemühe, die Klimaerwärmung aufzuhalten, wenn ich nicht mitarbeite, den CO_2-Ausstoß zu reduzieren? Sondern: Mache ich den Menschen in diesem «Jenseits» (nicht von Eden, sondern von mir) das Leben zur Hölle, wenn ich dies nicht tue?

Exit oder der Wunsch nach Selbstbestimmung

Aus den unzähligen Binsenwahrheiten zum Thema Tod und den Absichtsbekundungen für ein gutes Sterben möchte ich einen Satz herausgreifen, den ich für den a) derzeit beliebtesten, b) dümmsten und c) unmenschlichsten halte, den man zum Thema von sich geben kann. Er lautet: Wenn ich merke, dass ich gaga und pflegebedürftig werde, dann gehe ich zu und mit Exit und zwar in Würde, denn das ist ja kein Leben mehr, nur noch den Angehörigen zur Last zu fallen.

Ich bin auch keine Freundin vom Konzept Exit, aber dieses Urteil scheint mir doch ungewöhnlich radikal aus Ihrem Munde.

Ich will versuchen zu beschreiben, warum es mir bei dergleichen Absichtserklärungen kalt den Rücken hinunterläuft und warum mir die Aussicht Angst bereitet, beim Sterben Menschen in die Hände zu fallen, die so denken. Zum einen finde ich die keinen Widerspruch duldende Vernünftigkeit dieses Satzes schauerlich. Es handelt sich dabei um dieselbe Rationalität, die wir brauchen, wenn wir darüber diskutieren, ob selbstfahrende Autos nicht besser drei Rentner mit Rollator als eine Mutter mit Kinderwagen überfahren sollen, wenn eines von beiden unfalltechnisch unvermeidlich sein sollte. Wenn man schon über Leichen geht, dann gefälligst ethisch korrekt. Zweitens finde ich die Selbstverständlichkeit dreist, mit der in diesen Exit-Absichtserklärungen ebenso unausgesprochen wie unüberhörbar lebenswertes Leben von einem Leben unterschieden wird, das ja wohl kein Mensch, der noch bei Trost ist, leben möchte.

Wären es Zwanzigjährige, die dergleichen von sich geben, könnte man das unter jugendlichen Leichtsinn subsumieren, und den jungen Leuten ein bisschen genervt, aber zugleich altersmilde antworten: Ach, wartet nur, Kinder, kommt erst mal selber in das Alter ... Es sind aber Sechzig-, Siebzig- und Achtzigjährige, die dergestalt ihre rechtzeitige Selbstentsorgung propagieren, als wäre Natrium Pentobarbital eine Art verspätete Pille danach. Wir wollen selbst bestimmen. Das Argument hat eine gewisse unfreiwillige Komik: Ausgerechnet der assistierte Suizid wird zur emanzipatorischen Kompensationsleistung für alle Entmündigungen, an die man sich sonst im Alter zu gewöhnen hat.

Last but not least: Der argumentative Kern der Rechtzeitig-in-Würde-sterben-Propaganda besteht in der Entgegensetzung von Würde und Bürde. Erstere verfällt offenbar, indem man zur letzteren wird. Anders formuliert: Als Sterbender niemandem zur Last zu fallen garantiert, dass man seine Würde unbeschadet mit ins Grab nehmen darf.

Was soll ich entgegnen auf diese feurige Rede? Meine einzige Erfahrung mit Sterbehilfe habe ich gemacht, und das soll jetzt kein geschmackloser Vergleich sein, als meine Katze beim Tierarzt eingeschläfert wurde. Ich erzähle nur davon, weil diese Erfahrung meine vorläufige Haltung zum Thema Exit mitgeprägt hat. Die Katze hatte einen Tumor, sie wirkte krank, aber noch nicht todkrank. Beim Arzt hieß es, sie einzuschläfern würde ihr Leid und Schmerzen ersparen. Das leuchtete mir ein, zumal kaum jemand diese Argumentation hinterfragt, wenn es um Tiere geht. Aber das Einschläfern meiner Katze kam mir dann überhaupt nicht wie eine Erlösung vor; da wurde schlicht und einfach meine Katze getötet. Es geschah durchaus mit Empathie und schnell, keine Ahnung, ob es für sie auch schmerzlos war. Aber mit «friedlichem Einschlafen» hatte es nichts zu tun. Die Katze saß lebendig auf dem Untersuchungstisch, erhielt eine Spritze, erschrak, zuckte ein paar Mal und lag zwei Minuten später wie ein steif gewordenes Stofftier da. Das war vor zwanzig Jahren, aber wenn ich daran denke, habe ich noch immer das Bild der totgemachten Katze vor mir. Vor etwa zwei Jahren sind kurz nacheinander meine nächsten Katzen gestorben. Sie waren krank, die eine lange, die andere kurz und beide sind, wie man so sagt, «natürlich» zu Hause gestorben. Das war nicht schön, aber es erschien mir irgendwie richtiger.

Was ich mit der Geschichte sagen will: Die Vorstellung, jemand Nahestehenden mit Exit beim Sterben zu begleiten, ist mir absolut unerträglich. Trotzdem teile ich Ihren Anti-Exit-Furor nicht. Eine Bekannte und ein Freund von mir haben ihre Mutter mit Exit in den Tod begleitet. In beiden Fällen waren die Beweggründe nachvollziehbar: Die eine Frau war alt und hatte seit Jahren unerträgliche Schmerzen, die andere litt an einem unheilbaren Krebs, der ihr ein qualvolles Ende bereitet hätte. Beide waren offensichtlich der Ansicht, ein Gift zu trinken sei die annehmbarere Art zu sterben. Es ging überhaupt nicht darum, dass sie ihren Angehörigen oder der Gesellschaft nicht zur Last fallen wollten. Sie wollten sich ganz einfach Schmerzen und Qual ersparen. Mit Würde und Bürde hatte das nichts zu tun.

Das kann ich mir auch für mich vorstellen: dass ich mit solchen Schmerzen nicht mehr leben möchte. Es geht mir ja nicht darum, Suizid durch alle Böden zu verurteilen. Es geht mir um den vernünftelnden Diskurs, der EXIT oder DIGNITAS zum rationalen Ausweg erklärt, gegen den kein Mensch etwas haben kann, außer im Mittelalter verhaftete religiöse Fundamentalisten.

Die Ohnmacht gegenüber dem Tod löst den Wunsch aus, etwas dagegen zu unternehmen. Der Begriff der Euthanasie, der, abgeleitet aus dem Altgriechischen, suggeriert, man könne einen «guten», «leichten» Tod herbeiführen, zeugt von diesem Wunsch, ist aber ein Widerspruch in sich. Auch der Name «Exit» suggeriert Rettung, dabei geht es genau um das Gegenteil, den Tod. Es ist aber nachvollziehbar, dass wir unsere Wünsche ans Leben aufs Sterben projizieren. Die Vorstellung, man könne das Sterben gestalten, lässt das Unerhörte milder erscheinen. Das ist nicht verwerflich.

Es geht mir wie gesagt nicht darum, ein Verbot der Sterbehilfe anzustreben oder ein Leben bis zum bittersten Ende als Gottes Wille zu propagieren. Es ist wie mit der Abtreibung: Ich finde sie nicht gut, aber ich käme nicht auf die Idee, sie verbieten zu wollen. Und ich halte es für einen gesellschaftli-

chen Fortschritt, dass Frauen, die abtreiben, nicht mehr kriminalisiert werden. Aber Vorstellungen über den «richtigen» Tod entsprechen immer auch gesellschaftlichen Vorstellungen über das Leben – und haben politische Auswirkungen. In den Achtzigerjahren begann sich die sogenannte «Krüppelbewegung» zu formieren. Ihre Exponentinnen haben die Frage der Selbstbestimmung und des Lebens in Würde nicht auf das Sterben projiziert, sondern sehr konkret auf das gegenwärtige Leben von Behinderten bezogen. Teilt man deren Perspektive, sieht die Debatte um Apparate, Schläuche, Würde und Selbstbestimmung mit einem Mal ganz anders aus.

Die Lebensrealität von Behinderten, insbesondere von an multiplen Erkrankungen leidenden Schwerbehinderten, demonstriert, dass es sich bei dem konstruierten Gegensatz von «Apparaten» und «Selbstbestimmung» bestenfalls um einen gedankenlos dahingeschwätzten Textbaustein handelt. Rebekka Maskos, eine deutsche Behindertenrechts-Aktivistin, hat das so kommentiert:

> *«Mich lässt diese Vorstellung von Würde immer mit einem Kopfschütteln zurück. Als Rollstuhlfahrerin bin ich immer wieder auf die Hilfe anderer angewiesen und fühle mich deshalb alles andere als entwürdigt. Für andere ein Symbol des Scheiterns, in dem man landen könnte, bedeutet mein Rollstuhl für mich ein Stück Freiheit. Durch ihn komme ich überall hin – fast überall, solange es Fahrstühle und Rampen gibt. Gute FreundInnen von mir mit Behinderung sind tagtäglich auf persönliche Assistenz angewiesen – andere wischen ihnen den Hintern ab, manche von ihnen hängen sogar an Schläuchen. M., ein guter Freund von mir, wird mittlerweile auch tagsüber beatmet. Mit einem mobilen Gerät, das er an seinen Rollstuhl anschließen kann.»*

Für Rebekka Maskos erscheinen die Horrifizierung von Passivität und die Idealisierung von Unabhängigkeit verständlicherweise zynisch: So wie ihr, die Behinderten, lebt, möchte ich nicht einmal sterben.

Hinterrücks schlägt die Utopie des richtigen und würdevollen Todes auf das Leben zurück – als Normierung von Lebensqualität.

Die Koppelung von menschlicher Würde und Selbstbestimmung finde ich ebenfalls stoßend. Dass meine Großmutter im Altersheim am Schluss monatelang nur noch im Bett lag, dass mein Vater vor seinem Tod nicht mehr sprechen konnte, war traurig, elend, empörend, alles Mögliche, aber sicher nicht würdelos. Wenn jemand Sterbehilfe beansprucht, ist das allerdings nicht zwangsläufig ein politisches Urteil darüber, was ein würdevoller Tod und welches Leben lebenswert ist. Allenfalls ist es ein persönliches Urteil darüber, welches Leben man für sich selbst noch als lebenswert erachtet. Außerdem wird das Sterben heute ohnehin bis zu einem bestimmten Grad ‹gestaltet› – ob wir nun willentlich ein Gift schlucken oder willenlos durch Schläuche künstlich mit Flüssigkeit versorgt werden. Der Tod ist meist alles andere als natürlich. Wir steigen nicht auf einen einsamen Berg und warten darauf, dass er uns ereilt. Wir bemühen dafür mindestens einen Krankenwagen.

Ich weiß, dass es kein natürliches Sterben gibt; daraus folgt aber auch, dass es kein unnatürliches gibt. In diesem Sinne ist auch Sterben mit Exit weder natürlich noch unnatürlich. Ich habe keine nostalgischen Vorstellungen vom Sterben: nicht von der Läuterung durch Schmerzen und nicht davon, wie sich die Großfamilie ums Sterbebett versammelt (ich hätte auch keine aufzubieten), um dabei zu sein, wie ich meine See-

le aushauche. Ich gehöre auch nicht zu denen, deren größter Wunsch es ist, zu Hause zu sterben. Ich ziehe ein aufgeräumtes Einzelzimmer im Spital vor. Aber man weiß ja nie, wie es kommt; und ich bin nicht nur unkompliziert, sondern auch einigermaßen flexibel.

Ich kann mir durchaus vorstellen, «an Schläuchen zu hängen», allein schon deshalb, weil diese Metapher so bescheuert übertrieben ist; ebenso, dass mir das Sterben irgendwann zu viel werden könnte und ich es gerne etwas beschleunigen möchte. Da ich Sterben ohnehin nicht gut finde, hält sich meine Neigung, mir ein «gutes Sterben» auszumalen, in sehr engen Grenzen. Let's see ... Ich glaube aber jetzt schon behaupten zu können, Selbstbestimmung wird nicht das Erste und das Letzte sein, an das ich beim Sterben denke.

«Unkompliziert», «flexibel», «Let's see». Sie klingen salopp in Ihrem Reden über den Tod, als würden Sie ihn, was immer er Ihnen auch antun mag, zum Kinderspiel degradieren. Ist das nicht auch ein Versuch, die Oberhand zu behalten?

Selbst wenn, es wäre ein kindischer Versuch. Das Beste, was man erreichen kann, ist, dass die Angehörigen oder die Pfleger sagen, man sei «friedlich» gestorben. Als Lebensziel ist das sehr mager – jedenfalls für meinen Geschmack.

Sterben ist ja auch kein Lebensziel. Wir wollen nicht, wir müssen da durch. Der Wunsch, dass es nicht unerträglicher und langwieriger wird als nötig, ist legitim, und die Möglichkeit, das Sterben zu beschleunigen, in manchen Situationen eine Erlösung.

Das ist so. Ich bin kein Vertreter irgendeiner Ideologie, die behauptet, dass wir am Sterben ein letztes Mal wachsen.

Vorkehrungen für das eigene Ableben

«Früh regeln, damit später alles richtig läuft», empfiehlt die Homepage ‹gedenkzeit.ch›. Das Kapitel «Das eigene Ableben organisieren» wird mit folgendem Satz eröffnet: «Um dem eigenen Lebensende gefasster entgegenzublicken, kann es helfen, Vorkehrungen zu treffen und wichtige Fragen frühzeitig zu klären.» Ich glaube nicht, dass ich meinem Tod gefasster entgegenblicken könnte, wenn ich festlegte, was alles mit mir geschehen soll, wenn ich nicht mehr da bin.

Einfühlsam wie ich bin, stelle ich mir eine Situation vor, in der man tatsächlich gerne etwas regeln möchte und mit dieser Regelung tatsächlich ruhiger lebt. Stellen Sie sich vor, Sie sammelten etwas, dem man seinen Wert nicht unbedingt ansieht. Sagen wir mal serbische Ikonen des 17. Jahrhunderts. Vielleicht möchten Sie in dem Falle irgendwo festhalten, dass Ihre Kinder die bunten Heiligenbildchen nicht dem nächsten Brockenhaus überlassen, sondern viel Geld bei einer Spezialauktion damit machen sollten. Oder, noch ein Beispiel, es könnte sein, dass Ihnen der Gedanke an eine Kremierung schon zu Lebzeiten einen derartigen Horror einjagt, dass Sie ruhiger schlafen, wenn Sie zuhanden der Nachkommen festhalten, dass Sie eine Erdbestattung wünschen.

Ich habe in meinem Umfeld verlauten lassen, dass ich lieber verbrannt werden würde als erdbestattet. Aber da ich letztlich beides nicht sonderlich verlockend finde, halte ich es nicht für nötig, das hochoffiziell festzuhalten. Mich plagt auch nicht die Angst, dass meine Kinder es vergessen könnten. Dann machen sie es eben anders. Ich kann nachvollziehen, dass man erbtechnisch gewisse Dinge regeln möchte, aber doch nicht, um dem «eigenen Lebensende gefasster entgegenzublicken». Offensichtlich ist es aber für viele ein Bedürfnis, Dinge zu regeln, die einem eigentlich völlig wurscht sein könnten. Sonst würden die Medienhäuser nicht solche Plattformen aufschalten, und es gäbe diese unzähligen Artikel, Ratgeber und sogar Coaches nicht, die einem beim Regeln des eigenen Ablebens helfen.

Vielleicht ist das einfach Ausdruck einer in die Zeit nach dem eigenen Tod weitergeführten Neigung mancher Menschen, sich besonders gern mit Dingen zu beschäftigen, die ihnen eigentlich wurscht sein könnten.

Auf den Ratgeberseiten kommt vieles unfreiwillig komisch daher. Da heißt es zum Beispiel: «Der Aufwand bleibt überschaubar. Bloß machen muss man es: nämlich vor seinem Tod regeln, was danach Gültigkeit haben soll.» Oder: «Checklisten helfen immer und überall. Wer sich an sie hält, vergisst nichts.» Fast schon anregend ist der Hinweis: «Wer unklar formuliert oder Sittenwidriges wünscht, läuft Gefahr, dass seine letzten Wünsche null und nichtig sind.»

Unklar etwas Sittenwidriges zu wünschen, klingt in der Tat verlockend.

Schräg finde ich auch folgende Empfehlung: «Für die Vorbereitung von Todesanzeige und Trauerfeier kann es hilfreich sein, wenn Sie bereits selbst einen Lebenslauf oder eine Lebensgeschichte verfassen mit den Stationen, die Ihnen wichtig sind.» Nichts gegen Tagebücher oder Menschen, die gerne ihr Leben aufschreiben. Aber die Vorstellung, einen Lebenslauf im Hinblick auf meine Beerdigung zu schreiben, finde ich absurd. Oder haben Sie so was in der Schublade?

Ich würde schon zu Lebzeiten vor Peinlichkeit im Grab versinken und mich anschließend dort umdrehen.

Um auf unser Lieblingsthema der Digitalisierung zurückzukommen: Eine Studie der ZHAW untersucht das ‹Sterben und Erben in der digitalen Welt› und dokumentiert, wie Facebook, Xing, Flickr, Twitter, Gmail, PayPal oder Twitter mit unserem Ableben umgehen. In diesem Zusammenhang wird einem geraten, man solle «Zugriffsdaten, wie Benutzernamen und Passwörter aller Internetkonten und -aktivitäten auf einer Liste aufführen und gleichzeitig festhalten, welchen Umgang man mit diesen Daten wünscht». Ich frage mich, was das nach unserem Ableben bringen soll, wenn es uns schon im Leben nicht gelingt.

Bei dem Thema bin ich wahrscheinlich kein guter Dialogpartner. Es ist mir nämlich so rätselhaft wie Ihnen auch.

Zu guter Letzt müssen wir sicherstellen, dass alle Vorkehrungen, die wir getroffen haben, nicht vergessen gehen, wenn es – ohne uns – an deren Umsetzung geht. Wichtige Dokumente seien zum Beispiel am besten beim Bezirksgericht aufgehoben. Für alles Weitere wird ein sorgfältig beschrifteter Ordner empfohlen, der immer griffbereit ist.

Ich bin ja jetzt schon mit meinem Papierkram (inklusive seiner digitalen Varianten) hoffnungslos überfordert. Darum hat so ein Ordner leider nicht meine höchste Priorität. Was aber überhaupt nicht heißt, dass ich es Unfug finde, seinen Erben das Erben leichter zu machen.

Auf Ratgeberseiten wird suggeriert, wer seinen Tod nicht regle, sei asozial, weil er die Angehörigen in einer schwierigen Zeit zusätzlich belaste. Es mag praktische Dinge geben, mit denen man den Hinterbliebenen das Leben erleichtert. Es ist sinnvoll, dass diese wissen, wo sie die Zugangsdaten zu meinen Bankkonten oder ähnlichem finden. Aber soll ich, wie der ‹Beobachter› empfiehlt, tatsächlich darüber bestimmen, ob Tante Berta, das schwarze Schaf der Familie, an meine Beerdigung eingeladen wird oder nicht? Muss ich eine Liste der zu Benachrichtigenden machen? Die eigene Todesanzeige aufsetzen? Die Musik für die Trauerfeier auswählen? Das kommt mir vor, als müsste man dafür sorgen, dass die Nachkommen unseren Tod so effizient wie möglich abwickeln können. Aber vielleicht wollen sie das gar nicht. Beim Tod meines Vaters habe ich mit meiner Familie stundenlang Adressen zusammengesucht. Ich hätte es komisch gefunden, wenn er uns eine Liste zum Abhaken hinterlassen hätte. Wir haben darüber nachgedacht, was wir in die Todesanzeige schreiben und wie wir die Trauerfeier gestalten wollen. Das alles hat uns komplett aus unserem Alltag gerissen, aber es war keine zusätzliche Belastung. Die vielen Dinge, die bei einem Todesfall zu regeln und organisieren sind, geben dem Unerhörten eine Form. Ich habe sie auch als etwas empfunden, das uns in diesem Ausnahmezustand verband.

Die Vorstellung, alles schon zu Lebzeiten bereits so zu regeln, dass die Hinterbliebenen nur noch den Startschuss für ein bereits in allen Details geregeltes Ritual geben müssen, finde ich ebenfalls nicht erbaulich. Aber auch da wird wohl jeder nach seiner Façon selig werden. Ob die Hinterbliebenen damit dann ebenso selig werden, steht auf einem anderen Blatt.

III. Und alles dazwischen

Am Anfang steht die Menopause

Als wir uns im ersten Kapitel mit den Anfängen des Alterns beschäftigten, dachte ich keine Sekunde an die Menopause. Inzwischen habe ich festgestellt, dass die Wechseljahre in Buchhandlungen ganze Regale füllen. Sie als Psychoanalytiker können mir gewiss sagen: Verdränge ich da was?

LOL. Es ist wohl eher so, dass man sich mit Vorteil von solchen Regalen in den Buchhandlungen fernhält. Die Wechseljahre sind eines dieser Themen, die wie Klischee-, Ressentiment- und Normativitätsschleudern funktionieren.

Ich bekomme schon Wallungen, respektive gerate in Wallung, wenn ich mich mit dem Diskurs darüber beschäftige. Nehmen wir zum Beispiel die Buchtitel: ‹Hitzewallungen? Ich lauf mich nur warm für den Neustart›. Oder: ‹Ich bin immer noch heiß, es kommt jetzt nur in Wellen›. Oder: ‹Francine und die total heiße Phase› usw. Das klingt wie Pornographie fürs Altersheim. Kein Wunder ist die Angst verbreitet, die Wechseljahre könnten abtörnend wirken, wenn solche Bücher produziert werden.

Der Begriff der Pornographie ist vielleicht nützlich in diesem Zusammenhang. Pornographische Geschichten tun ja auch immer so, als wären sie sehr realistisch aus dem Alltag gegriffen: Kommt der Klempner frühmorgens, um den Abfluss zu entstopfen und, wie es halt in solchen Situationen geht, dreißig Sekunden später hat die spärlich bekleidete Hausfrau schon seinen Schwanz im Mund. Man weiß, was man zu erwarten hat – sicher keine Überraschungen. So bewirtschaftet diese Sorte von Büchern vergleichbare Erwartungen. Da die Erwartungen natürlich nicht bei allen gleich sind, gibt es auch verschiedene Pornogenres – und entsprechend verschiedene Typen von Ratgeber- und Erfahrungsliteratur.

In einer sechsteiligen Serie der ‹NZZ am Sonntag› über die «Zweite Pubertät» in der Mitte des Lebens nahm die Menopause gleich zwei große Beiträge in Anspruch, darunter den Auftaktartikel: «Wieso es die Menopause braucht». Die wissenschaftliche Antwort auf die Frage, die im Artikel behandelt wurde, salopp verkürzt: weil die Menschheit ausgestorben wäre ohne selbstlose Großmütter, die sich um den Nachwuchs der Jüngeren kümmern statt um die eigene Vermehrung. Bei den Männern, die mit achtzig ihre dritte Kindergeneration zeugen können, spielt das evolutionsgeschichtlich bekanntlich keine Rolle, da sie sich ohnehin nicht um die Aufzucht scherten.

Evolution ist der Kreationismus für Rolf-Dobelli-Fans. Dabei handelt es sich bei der menschlichen «Evolutionsgeschichte», wie sie uns in solchen Artikeln verkauft wird, meistens um Rückprojektionen in eine graue Vorzeit. Von der man dann behauptet, sie sei in unserem Steinzeit-Hirn, respektive in unseren Genen, immer noch wirksam. Weil ja die Evolution bekanntlich a) einem Schöpfungsplan folgt und b) ein eigenes Zeitalter darstellt – irgendwo angesiedelt zwischen Höhlenmensch und Mittelalter.

Angesichts der gestiegenen Lebenserwartung, so der zweite Artikel, sei der «hormonelle Normalzustand» der Frau nicht etwa die Fruchtbarkeit, sondern die Menopause und all die Jahre danach. Wie beruhigend: Ich bin also mit über fünfzig noch eine richtige Frau, sogar eine noch richtigere als mit dreißig. Nur meine Töchter tun mir leid. Während ich als menopausierende Frau immer heißer werde, muss sich die Minderheit der fruchtbaren jungen Frauen vielleicht schon bald mit einem Bücherwall gegen die Reduktion ihres Frauseins auf eine Gebärmaschine wehren.

Es gibt die Generationengerechtigkeit eben doch. In dieser Art Debatte wird fröhlich auf Pappkameradinnen geschossen. Man schreibt gerne Ressentiments herbei, um etwas zu haben, gegen das man dann anschreiben kann.

Leider ist dieses Anschreiben nicht mal bissig, sondern gut gemeint: Frauen in der Menopause werdet selbstbewusst! Schwitzt euch erhobenen Hauptes durch die Wechseljahre und lasst euch nicht von zusätzlichen Pfunden und Scheidentrockenheit unterkriegen, sondern lest abends im Bett Bücher darüber. Die Auslassungen über die Menopause strotzen vor Aufmunterung für die alternde Frau: Ihr seid in der Mehrheit, habt besseren Sex, könnt nochmals durchstarten und immer noch fast alles anziehen! Ich frage mich nur, warum braucht frau ab 45 so viel Aufbauarbeit?

Um noch mal auf mein Beispiel von eben zurückzukommen: Wenige Frauen, die einen Handwerker rufen, werden dem guten Mann nach kürzester Zeit einen Blowjob verpassen. Aber viele lesen so Zeug offenbar umso lieber.

Das heißt, die Papierflut zum Thema ist reiner Voyeurismus in eigener Sache?

Das ist noch freundlich ausgedrückt. Es ist vor allem ziemlich willkürlich zusammengestoppelter Quark. Von vielem könnte man ein paar Wochen später das Gegenteil schreiben und keiner würde es merken.

Der zweite große Artikel in der ‹NZZ am Sonntag› titelte: «Ich hab grad meine Jahre». Schon das furchtbare Original dieses Satzes – «Ich hab grad meine Tage» – hat mich schon immer genervt und am schlimmsten finde ich seine trotzige Variante: «Meine Tage gehören mir!» Man könnte meinen, es gebe auf der Welt nur zwei Typen von Frauen: die fruchtbare und die unfruchtbare – die eine mit, die andere ohne Menstruation.

Für mich ist die Menopause kein Meilenstein im Leben. Ebenso wenig war es die erste Regel. Ich erinnere mich zwar gut daran, weil ich an dem Tag Schwimmunterricht hatte und mich darüber aufregte, dass ich nicht daran teilnehmen konnte.

Ich hätte mich darüber gefreut.

So sind die Menschen eben unterschiedlich. Mich jedenfalls beschäftigten «meine Tage» jahrzehntelang höchstens auf der praktischen Ebene: wenn ich mal vergaß, einen Tampon mitzunehmen oder wenn es eine Sauerei gab vom Blut. Ebenso wenig interessiere ich mich für meine Menopause. Klar gibt es die Schweißausbrüche, die manchmal nerven und manchmal auch ganz angenehm sind. Irgendwann hatte ich meine letzte Regel, an die ich mich aber nicht erinnere. Ich weiß nur, dass mich das Ausbleiben der Regel danach nicht beunruhigte, sondern mir eher angenehm auffiel. Das ganze Geschwätz über Menopausen- oder Menstruationsbeschwerden, Stimmungsschwankungen und was sonst noch alles die Bücher und Artikel füllt, leuchtet mir jedenfalls nicht ein. Auch ein schweres Käsefondue kann mir Bauchweh machen, und der Herbst stimmt mich meistens melancholisch. Der Alltag verschafft uns viele Wehwehchen und Launen, Freud und Leid – ganz unabhängig von unserem Fruchtbarkeitsstatus.

Also gut, wir sind uns einig über die Qualität und Funktion solcher Bullshit-Ergüsse, über die wir uns gerade lustig gemacht haben. Aber nun fühle ich mich verpflichtet, doch noch ein bisschen Seriosität einzubringen. Der Mist, den die Ad-hoc-Evolutionspsychologie verzapft, mindert ja nicht die erstaunlichen Erkenntnisse der Evolutionsbiologie; und diese an den Schamhaaren herbeigezogenen Lifestyle-Ergüsse über die Wechseljahre und die Weiblichkeit sind kein Argument, sich nicht mit der Geschichte der Weiblichkeit etwa in Bezug auf Menstruation, Fruchtbarkeit und Menopause zu beschäftigen.

Inwiefern möchten Sie sich denn ernsthaft damit beschäftigen?

Es ist interessant zu sehen, wie alle diese angeblich evolutionär sinnvollen Naturphänomene in der Geschichte immer wieder sehr unterschiedlich dargestellt werden. Die Wissenschaftshistorikerin Lisa Malich hat unlängst ein Buch mit dem Titel ‹Die Gefühle der Schwangeren› veröffentlicht, in dem sie unter anderem darstellt, wie sich im Laufe der Zeit ein Konzept von Schwangerschaft entwickelt hat, in dem die Schwangere zum Spielball ihrer «Hormone» wird. Etwas Vergleichbares dürfte bei der ‹Hormonalisierung› der Menopause stattgefunden haben.

In der Tat ist interessant, warum von allen Dingen, die unser Leben und unser Wohlbefinden beeinflussen, ausgerechnet der Hormonhaushalt der Frau so prominent debattiert wird. Das festigt ein Frauenbild, das eher diskriminierend als befreiend ist.

Ja, es ist letztlich ein weiterer Bestandteil der Reduktion der Weiblichkeit auf die biologischen Funktionen. Das Weib ist Natur.

Immerhin versucht man es nun auch beim Mann. Ein mir bisher unbekannter Begriff füllt in den Zeitungen bereits Randspalten: die «Andropause». Das führt uns zu Ihnen: Wie geht es Ihnen dabei?

Es fühlt sich wundervoll an, der journalistischen Textbausteinkiste, in der alles immer «testosterongeschwängert» ist, entkommen zu sein.

Kein Wunder, Sie konnten sich auch gemütlich daran gewöhnen: Das Testosteron geht nämlich im Gegensatz zum Hormonspiegel der Frau nur langsam zurück. Insofern ist der Begriff der Andropause wohl einfach zur ausgleichenden Gerechtigkeit zwischen den Geschlechtern erfunden worden. Viel länger schon sind sich die Medien und Ratgeber hingegen über die berüchtigte Midlife-Crisis einig, die den Mann in der Mitte seines Lebens plagt. Während sich die menopausierenden Frauen um den Verlust von Fruchtbarkeit und Schönheit grämen – oder sich neuerdings darüber freuen sollen –, sitzt dem krisengeschüttelten Mann die Angst vor dem Verlust des gesellschaftlichen Ansehens im Nacken: rasant abnehmende Karrierechancen, die Muskelmassen, die sich in Fett verwandeln, usw. Der alternde Mann werde zur Zeitbombe, erklärt uns die ‹NZZ am Sonntag› unter dem Titel: «Der gefährlichste Mann». Er vertieft sich nicht in die Lektüre von Ratgebern, macht kein Yoga, um sich selbst zu finden, sondern kauft sich Potenzmittel, eine Kalorienzählscheibe und im schlimmsten Fall noch eine Harley. Das sind natürlich Klischees. Aber es gibt sie tatsächlich in Fleisch und Blut: Tagtäglich sehen wir berühmte Männer mit einer wesentlich jüngeren Frau posieren. Auch im persönlichen Umfeld kennen die meisten solche Beispiele: Männer, die mit fünfzig eine zweite Familie gründen, andere, die auf einmal sehr viel Zeit im Fitnesscenter verbringen oder sich einen jugendlichen Look verpassen. Statistiken von Onlinedating-Plattformen belegen, dass Männer über fünfzig begehrt sind auf dem Partnermarkt. Bei Frauen wird es in diesem Alter gelinde gesagt harzig. Am beliebtesten sind die 18-Jährigen. Es ist daher nicht ganz von der Hand zu weisen, dass der Gemütszustand des alternden Mannes mitverantwortlich ist für die vielen Motivationsbücher zur Menopause. Oder ist beides nur herbeigeschrieben? Machen uns die angeblichen Phänomene und Trends in der Mitte des Lebens wirklich zu schaffen? Oder machen sie uns zu schaffen, weil wir überall darüber lesen? Oder machen sie uns überhaupt nicht zu schaffen?

Mir macht vor allem zu schaffen, solches Zeug über solche Trends zu lesen. Denn es ist ja nicht so, dass diese Themen irgendwann einmal in einem Magazin auftauchen, sondern sie werden hundertmal variiert, wiedergekäut und recycelt, so wie die berühmten Selbstversuche, wie es ist, eine Woche ohne Smartphone zu leben. Selbst wenn zuweilen das Gegenteil von dem behauptet wird, was man noch gestern gelesen hat – es bleibt immer derselbe Brei. Jeder neue Artikel zu einem von diesen Themen ist so aufregend wie die Ankündigung eines neuen Menüs bei McDonald's.

Was heißt das konkret? Dass alles nur erfunden ist? Was ist mit den zahlreichen Studien und Statistiken, die die Trendgeschichten nähren? Was ist mit den Beispielen, die wir aus Magazinen und unserem eigenen Umfeld kennen? Es gibt wahrscheinlich tatsächlich mehr ältere Männer, die ihre Frauen für eine Jüngere verlassen, als umgekehrt.

Ich meine nicht, dass alles erfunden ist und dass man nie wieder eine Zeitung aufschlagen soll. Aber, und damit wäre ich wieder beim Altern: Ich habe dergleichen Zeug schon in so vielen Varianten gelesen und in steter Folge dann wieder das Gegenteil davon, dass ich mich lieber an Artikel, Untersuchungen und Bücher mit einer etwas längeren Halbwertszeit halte als an diese medialen Zwitter aus Anekdoten, Studien und Ressentiments – es geht ja nicht um ewige Wahrheiten, sondern um historische und damit variable Konstellationen. Ich möchte nicht den Säuen, die unaufhörlich durchs globale Dorf getrieben werden, hinterherrennen.

Apropos historische Variabilität: Meine Tochter würde zu dieser Diskussion sagen, der geschlechterzentrierte Blick aufs Leben und unser Verhalten sei ohnehin passé. Die Wechseljahre müssten künftig unisex oder pansexuell oder wie immer diskutiert werden. Damit rückt die Diskussion um das Zweigestirn von Östrogenen und Testosteron ohnehin in ganz neue Sphären.

Ich liebe Ihre Tochter dafür.

Kleiner Knigge fürs Alter?
Was wird peinlich, wenn wir älter werden? Was ist altersgemäß, was dürfen wir noch ungeniert und was lassen wir lieber bleiben? Ein Beispiel: Eine ältere Kollegin hat mir mal in

jungen Jahren – ich war 25, sie 37 – erklärt, spätestens mit vierzig sollten Frauen keine langen Haare mehr tragen. Sie hatte sie bereits präventiv gestutzt. Seither höre ich immer mal wieder Kommentare zur Haarlänge im Zusammenhang mit dem Alter einer Frau: Die einen räsonieren darüber, dass lange Haare alt machen, andere schnöden über die biederen schulterlangen Frisuren oder Kurzhaarschnitte der Ü-50-Jährigen.

Nichts ödet mich mehr an – na, das ist jetzt übertrieben – als solche Stilfragen: Darf man? Muss man? Man kann doch einfach anerkennen, dass es jeweils gewisse Moden gibt. Wenn man sich denen zu sehr widersetzt, sieht man doof aus. Wenn man sie zu sehr mitmacht auch. Manchen ist es scheißegal, wie sie aussehen, anderen – wie mir – nicht. Ich will weder wie ein Original aussehen, noch wie ein Dorftrottel. So schwer ist das allerdings wirklich nicht.

Es sind eben nicht nur Moden, sondern altersspezifische Moden: Eine 18-Jährige in Hotpants wirkt modisch, eine 60-Jährige geschmacklos. Ein mit Tattoos übersäter 25-Jähriger ist ein Hipster, mit siebzig wirkt er abgehalftert.

Aber auch Hipster werden mal siebzig und man wird sich an die tätowierten Alten gewöhnen.

Trotzdem: Wenn wir jung sind, folgen wir der Mode, auf die wir gerade Lust haben. Werden wir älter, selektionieren wir danach, was adäquat ist für unser Alter.

Ich finde, mit einem schönen dreiteiligen Anzug macht man eine gute Falle, ohne dass man zum Stadtoriginal wird, und man sieht damit auch nicht aus wie die aktiven Alten im Un-

ruhestand aus einer Ü-60-Werbebroschüre. Am besten, man zieht sich so an, dass man sich nicht ständig versichern lassen muss, dass man so etwas NOCH tragen kann.

Zurück zur Haarlänge: Ich habe meine Haare früher immer lang getragen, in den letzten Jahren habe ich sie zwei-, dreimal relativ kurz getragen, danach aber jeweils wieder lang. Mal fanden die Leute, dass mich der kürzere Haarschnitt jugendlich frisch mache, mal, dass ich mit längeren Haaren einfach viel jünger aussehe. Hinzu kam die Variante: Mit hochgestecktem Haar würde ich besonders jung aussehen. Ich nehme an, dass ich, je nach Tagesform, mal jünger, mal älter aussehe, unabhängig von der Haarlänge. Da ich Abwechslung mag, werde ich mir sämtliche Optionen offen lassen, solange es mir gefällt. Übrigens habe ich die anfangs zitierte Frau nach Jahrzehnten wiedergetroffen und sie trug lange Haare – mit über sechzig.

Was lehrt uns das? Mit der Mode schwimmt man am besten mit – im jeweils eigenen Stil: Brust, Crawl, Schmetterling, Rücken oder mal das eine, mal das andere.

Wunderbar. Aber warum mitschwimmen?

Damit man nicht aussieht wie aus der Zeit gefallen. Aber wenn man gerade das möchte, dann nur zu.

Wer möchte schon aussehen wie aus der Zeit gefallen? Gerade wenn man älter wird, löst das skeptische Blicke und hämische Kommentare aus. Andauernd wird darüber befunden, was sich für Frauen über vierzig noch gehört und was nicht. Ist ja klar, dass man selbst daran glaubt, wenn es soweit ist.

Das leuchtet mir ein; liegt aber außerhalb meines Erfahrungshorizonts.

Ich kenne Frauen, die keine Bikinis mehr tragen, weil sie finden, ihr Bauch sei nicht mehr straff genug, oder solche, die überhaupt nicht mehr baden gehen, weil sie ihre Cellulite nicht zur Schau stellen möchten. Ich kann mich selbst daran erinnern, dass ich es als junge Frau unangemessen fand, wenn ältere Frauen «oben ohne» am Strand lagen. Warum löst es Diskussionen aus, wenn ein weiblicher Promi mit sechzig in einem transparenten Spitzenbustier über den roten Teppich stolziert? Warum gehören schwabbelige Beine nicht an die Sonne?

Zu Ihrer ersten Frage: Weil jeder Scheiß in den entsprechenden Medien heiß diskutiert wird. Und wenn er misogyn ist, ist er umso gefragter. Zu Ihrer zweiten Frage: Ich hätte mich als dickes Kind in der Badi geschämt. Aus diesem Grunde ist aus mir auch kein Badi-Besucher geworden. Aber es gibt Orte, in denen dieser Figur-Terror nicht herrscht. In Zürich wohl – wie ich höre – im Frauen- und Männerbad.

Andererseits sind die altersspezifischen Unterschiede in der Mode kleiner geworden. Ich kaufe in denselben Kleiderläden ein wie meine Töchter; Sie haben sich zusammen mit Ihrem Sohn ein Tattoo stechen und sich mit sechzig einen Bart wachsen lassen, wie ihn heute die Dreißigjährigen tragen. Solche Angleichungen sind gut möglich, ohne dass man auffällt. Ich frage mich manchmal, ob sie den Drang widerspiegeln, alles Mögliche gegen alles zu unternehmen, was uns älter wirken lässt. Für meine Großmutter war klar, dass sie Großmutter war und sein wollte, mit allem, was dazu gehörte: Schürze mit Blumenmuster, Sonntagsbraten, gehäkelte Decken, selbstgebackene «Haselnusschrömli» für die Enkelkinder. Heute tragen die Großmütter Jeans und Turnschuhe und tauschen sich darüber aus, wie sie ihre Work-Life-Balance in Bezug aufs Hüten der Enkelkinder gestalten.

Na und? Erstens stehen den meisten Großmüttern Jeans und Turnschuhe gut und zweitens haben sie es verdient, nicht nur als Kanonenfutter bei der Enkelaufzucht betrachtet zu werden. Und drittens: Ist das jetzt nicht auch ein dickes Klischee mit eingebautem Ressentiment?

Eher eine vorauseilende Selbstreflexion. Ich werde vermutlich selbst zu den «jugendlichen» Großmüttern gehören oder mich zumindest so fühlen. In den Augen der jungen Leute liegen modisch nach wie vor Welten zwischen ihnen und uns, auch wenn sie sich gelegentlich aus dem Kleiderschrank ihrer Eltern bedienen. Verdrängen wir da etwas?

Wie wäre es mit «kaschieren»?

Aber warum kaschierten unsere Großeltern ihr Alter weniger als wir heute?

Womit hätten sie es kaschieren sollen? Es gab diese Möglichkeit der Mode-Angleichung zwischen den Generationen nicht. Es gibt übrigens auch heute genügend Großväter und -mütter im typischen Rentner-Beige mit auberginefarbenen Applikationen.

Sex im Alter
Ich weiß, Sie mögen das Thema nicht. Aber es ist nun mal eins. Zur Alterssexualität gibt es sogar einen Wikipedia-Eintrag – zum Begriff Jugendsexualität nicht. Junge Leute finden

die Vorstellung gruselig, dass über Vierzigjährige Sex haben. Die Fünfzigjährigen verkünden, nach der Mitte des Lebens fange guter Sex erst an; 85-Jährige als sexuell aktiv vorstellen können sie sich aber nicht. Obwohl die Ratgeber und Studien versichern, dass Sex bis ins hohe Alter völlig okay, ja sogar wichtig fürs Wohlbefinden sei, ist unser Bild von Sexualität altersgebunden: Es ist etwas, das zwischen zwanzig und vierzig abgehandelt wird und in dieser Phase ausgiebig und wild, am besten dreimal täglich. Intensiv erörtert wird das Thema, wenn es von diesem Bild abweicht und als Problem gewälzt werden kann, weil die Statistiken über Häufigkeit, Anzahl der Sexualpartner oder Länge der Orgasmen und anderes nicht mehr greifen: Sex in der frühen Familienphase, Sex in langjährigen Beziehungen oder eben Sex im Alter.

Nicht zuletzt der Psychoanalyse verdanken wir diesen Fokus auf das Sexuelle; wobei mit Sex in der Psychoanalyse eben nicht vor allem genitale Sexualität gemeint ist. Psychosexualität im Freudschen Sinne ist sehr fluide und verschiebbar, was bedeutet, dass so ziemlich alles im Leben sexualisiert werden kann. Ich habe übrigens nicht grundsätzlich etwas gegen Sex, nur etwas gegen den derzeit herrschenden Sexdiskurs, der irgendwo zwischen Pilates und Altersturnen angesiedelt ist.

Wobei sich die Ratgeber durchaus um eine Erweiterung des Begriffs bemühen, sobald sie einen Mangel an genitaler Sexualität orten. Im Wikipedia-Eintrag zur Alterssexualität steht zum Beispiel Folgendes: «Gerade in Bezug auf die Zielgruppe alter Menschen wird ein breites Begriffsverständnis von Sexualität gefordert, welches über den Geschlechtsverkehr hinausgeht und andere sexuelle Aktivitäten, wie Masturbation oder den Austausch von Zärtlichkeit, mitberücksichtigt.» Auch die Forschung dehnt den Begriff der Sexualität, damit er bis ins hohe Alter passt. Eine in der Fachzeitschrift ‹Psychology and Aging› veröffentlichte Studie hat bei Personen über sechzig «drei Facetten» der Sexualität untersucht: sexuelle Aktivität, sexuelle Gedanken und Intimität. Unter «Intimität» versteht sie Gefühle wie Geborgenheit, Sicherheit und Akzeptanz, die durch Körperkontakte entstehen. Nicht, dass ich das nicht wichtig fände: Ich liebe es, zu kuscheln. Aber das ist es ja wohl nicht, was die Psychoanalyse unter Sexualität versteht, oder?

Doch, durchaus. Was ich eben gemeint habe, ist, dass der psychoanalytische Sexualitätsdiskurs zunächst vor allem darin bestanden hat, auf die Vielfalt von Lust hinzuweisen. Aber jetzt, mehr als hundert Jahre später, haben wir wieder diese genital quantifizierende Kacke an der Backe: Wer fickt in welchem Alter noch wie oft? Alle tun so aufgeregt; mich langweilt es.

Mich langweilen aber auch Ratschläge, die eben diese Vielfalt preisen. Nehmen wir zum Beispiel die «sexuellen Gedanken», die einen im Alter laut Sexstudie angeblich ebenso beglücken wie der Akt selbst. Dazu eine Anekdote: Meine Mutter hat mir erzählt, wie sich Mitglieder eines akademischen Seniorinnenclubs – die meisten von ihnen über achtzig – bei einem Treffen Witze über Sex im Alter erzählten, zum Beispiel folgenden:

Eine 82-Jährige sagt abends im Bett zu ihrem Mann: «Du, ich hätte wieder mal Lust.» Er: «Worauf denn?» Sie: «Es fängt mit S an und hört mit X auf.» Er entsetzt: «Um Himmels willen, um diese Zeit können wir doch nicht die Spitex kommen lassen!»

Die Aussicht, dass ich mit achtzig mit meinen Freundinnen Alterssexwitze mache, ist mir sehr sympathisch. Aber muss ich das dann wirklich als mein «Sexleben im Alter» abbuchen?

Jeder solle nach seiner Façon glücklich werden dürfen, sagte der alte Friedrich. Nur irgendwas müssen möchte ich nicht mehr müssen.

Bemerkenswert ist übrigens, dass es in solchen Witzen entgegen verbreiteter Vorstellungen immer die Frau ist, die noch Sex möchte.

Das ist wohl das, was man das Alters-Matriarchat nennt. Den Witz finde ich übrigens sehr komisch.

Es gäbe noch alles Mögliche zu fragen: Ob Potenzmittel langfristig nützen oder eher das Gegenteil bewirken. Wie oft wir in welchem Alter noch Sex haben dürfen, können, sollen. Was man tun kann, wenn der Partner oder die Partnerin nicht mehr möchte, man selbst aber schon. Wie sich der körperliche Verfall aufs Sexleben auswirkt und so weiter. Aber drehen wir den Spieß doch mal um und fragen: Warum reden wir eigentlich so viel über Sex und geben dabei kaum etwas preis? In einer Besprechung des erst 2018 posthum erschienen vierten Bands von Michel Foucaults Serie ‹Sexualität und Wahrheit› bin ich auf eine interessante These gestoßen: Dass die Bedeutung, die wir der Sexualität heute beimessen, aus der Unterdrückung gewachsen sei, die das Christentum rund um das Thema Sexualität aufgebaut habe. Das Christentum habe das «Sujet du désir» erschaffen: Durch Moralisierung und Problematisierung sei Sex zum Wesenskern des Menschen und zur Wiege aller seiner Sorgen erhoben worden.

Ich finde Foucaults Kritik am modernen Diskurs über die Sexualität sehr zutreffend. In seinem Sinn kann man sagen: Sex wird überschätzt; und dass wir diese aus der Unterdrückung generierte Überschätzung auch noch für ein Symptom unserer Befreiung halten, ist wahrlich eine besondere Ironie des Schicksals.

Damit wir nicht alle enttäuschen: Ist es okay, wenn wir mit achtzig noch Sex haben?

Ja.

Und ist es okay, wenn wir mit sechzig keinen mehr haben?

Ja. Womit wir jetzt garantiert alle enttäuscht haben mit unserer butterweichen Liberalität.

Dann machen wir es uns etwas schwerer: Was, wenn er ab sechzig keinen Sex mehr möchte und sie sich mit achtzig immer noch welchen wünscht? Oder andersrum? Wobei natürlich auch er und er und sie und sie gemeint sein können.

Dann kann man sich mit anderen Problemen ablenken: zum Beispiel damit, dass man sich mit sechzig noch ein Eigenheim wünscht, aber selbst mit achtzig das Geld dafür nicht reichen wird.

Das klingt vernünftig, ist aber unbefriedigend. Sex ist nicht die einzige Form von Nähe, aber eine einzigartige. Diese zu verlieren, ist traurig, erst recht im Alter, wenn man ohnehin schon etliche Verluste hinnehmen muss. Insofern ist die Sehnsucht nach einem, wie es so schön heißt, «erfüllten» Sexleben und das Hadern damit, wenn es fehlt, verständlich.

Ich gehe mit Ihnen einig: Sex wird als statistische Größe oder optimierbare Technik missverstanden und muss für alles Unmögliche herhalten. Aber unterschätzen sollten wir seine Bedeutung und das damit verbundene Konfliktpotenzial auch nicht.

Was soll ich dazu noch sagen? Außer, dass ich glaube, dass es befreiend wäre, die Königin Sexualität vom Thron zu schubsen. Foucault hat einmal in diese Richtung sinngemäß verlautet, dass bei der Analyse der Macht der Kopf des Königs noch nicht gerollt sei. Das heißt, man stellt sich Macht immer noch als eine Zentralmacht vor, als ein Oben, das die da unten beherrscht. Es ging ihm darum, die Mikrophysik der Macht darzustellen, wie Herrschaft unser Leben durchzieht, selbst dort, wo wir lange glaubten, wider den Stachel der Macht zu löcken: in der Sexualität nämlich. Weder wurde die Sexualität einfach nur unterdrückt, noch wurde sie irgendwann endlich befreit. Noch wird sie uns in Zukunft befreien. Sie ist eine von vielen möglichen Lüsten, und wir sollten aufhören auf den Sex zu starren wie die Schlange auf das Kaninchen oder umgekehrt.

Spuren verwischen: Botox und Co.

Ab vierzig oder spätestens mit fünfzig beklagen Frauen, dass sie unsichtbar werden. Gleichzeitig führen die Promi-Bildstrecken von Hochglanzmagazinen vor, dass man das verhindern oder zumindest sehr lange hinauszögern kann. Madonna stellte sich mit 56 in Dessous für erotische Bilder vor die Kamera. Catherine Deneuve feierte ihren siebzigsten Geburtstag faltenfrei. Heidi Klum muss in jeder neuen Ausgabe von ‹GNTM› beweisen, dass sie es auch in Unterwäsche mit ihren dreißig Jahre jüngeren «Mädchen» aufnehmen kann, obwohl sie wieder ein Jahr älter geworden ist. Sogar die Männer sind gefordert: Brad Pitt steht im Tarantino-Film mit 56 halbnackt auf dem Dach und stellt ein tadelloses Sixpack zur Schau. Silvester Stallone spielt in ‹Rambo 5› mit 72 denselben Muskelprotz wie vor bald vierzig Jahren in ‹Rambo 1›.

Die Klage über das Unsichtbarwerden ist auch so ein Textbaustein wie die «tickende biologische Uhr» oder die Hormonsteuerung der Schwangeren oder Menopausierenden. Was wäre denn Beweis der Sichtbarkeit? Die Hauptrolle in einem «MILF»-Porno? Ich habe meinerseits noch keine unsichtbare fünfzigjährige Frau gesehen, was natürlich nur ein Beweis mehr für die These ist. Das einzige, das die erotischen, muskulösen und fitten Promis beweisen, ist, dass deren Job, mit siebzig auszusehen wie mit 45, eine anstrengende Vollzeitbeschäftigung darstellt.

Botox, Lidstraffungen oder gespritzte Lippen sind inzwischen auch unter Normalsterblichen verbreitet und spätestens für unsere Kinder werden medizinische Eingriffe gegen Altersanzeichen angeblich so gang und gäbe sein wie heute Jeans und Turnschuhe für Großmütter. Damit wird aber auch der Druck zunehmen, den jeweiligen Geboten der Mode zu folgen.

Ohne Druck keine Mode und keine Mode ohne Druck. Das betrifft den Haar-, Hosen- und Hautschnitt gleichermaßen.

Können Sie sich denn vorstellen, Ihre Falten mit Botox glätten zu lassen?

Ich glaube, ich bin zu alt für so einen Scheiß. Was überhaupt nicht heißt, dass ich ein erbitterter Feind kosmetischer Eingriffe bin.

Ich weiß nicht, wie ich in zehn Jahren darüber denken werde, aber bis jetzt ist mir das schlicht zu aufwendig – ich schaffe es nicht mal regelmäßig zum Coiffeur. Die Vorstellung, mich aufs Alter hin zunehmend mit meinem Äußeren beschäftigen zu müssen, ist also nicht verlockend für mich; zudem würde mich das Geld reuen. Ich kenne zwar auch positive Beispiele; eine zwanzig Jahre ältere Freundin lässt mit erstaunlich natürlichem Erfolg immer mal wieder «etwas machen» und ist dabei sehr entspannt. Aber bei vielen wirkt der Drang nach Jugendlichkeit doch eher verkrampft. Für manche, die das nötige Kleingeld dafür haben, scheint es geradezu eine Form von Altersaktivierung zu sein. Ich kann mir aber erfüllendere Beschäftigungen vorstellen, zumal Aufwand und Ertrag beim Kampf gegen die Spuren der Zeit in einem schlechten Verhältnis zueinanderstehen. Heidi Klum und Co. mögen sich mit großem Aufwand einigermaßen frisch halten. Gewiss werden sie auch mit achtzig noch gut aussehen – für ihr Alter. Aber das würden sie wahrscheinlich auch ohne den ganzen Aufwand. Und jünger werden sie davon nicht.

*Diese einfache Einsicht macht es auch so erschöpfend, solchen Anstrengungen zuzusehen. Das klingt nun vielleicht so, als stünde ich allen Versuchen, schön auszusehen, sehr kritisch gegenüber. Im Gegenteil: Ich mag gut angezogene und wohlriechende Menschen sehr und bemühe mich selber, ein solcher zu sein. Gleichzeitig öden mich Stilratgeber an. Oder das ewige Gemäkel von Lifestyle-Journalist*innen, was die Leute jetzt wieder alles falsch machen mit ihrer Kleidung. Man kann das vielleicht auf diesen Punkt bringen: Sobald man anfängt, andere Menschen zum Publikum für seine Schönheit zu degradieren und sein Aussehen zur Waffe im Klassenkampf zu machen, werde ich grantig.*

Aber was steckt hinter solcher Sisyphusarbeit? Schönheit und Jugend sind allgegenwärtig, gewiss, und es ist unangenehm, immer weniger mithalten zu können. Doch wir wissen ja, dass Bilderbuchschönheit höchst selten ist – schon die Jungen können da nicht mithalten – und dass der körperliche Verfall im Alter ebenso unvermeidlich ist wie das Wachstum für die Kinder. Warum versucht die über sechzigjährige Madonna mit allen Mitteln künstlich jene körperlichen Attribute zu erhalten, die ihre zwanzigjährige Tochter von Natur aus hat? Warum messen sich die Alten ausgerechnet in Bereichen mit den Jungen, in denen sie naturgemäß chancenlos sind? Das ist erstens furchtbar anstrengend und zweitens mäßig befriedigend, weil man es eh nie so gut hinkriegt, wie es früher war.

Aber glaubt das wirklich jemand? MESSEN sich die Alten tatsächlich an den Jungen? Oder streben sie einfach nur mit den Mitteln, die ihnen geblieben sind, nach einem Ideal, von dem ohnehin klar ist, dass man es nicht erreicht? Wer gerne Marathon läuft, wird das auch tun, wenn er oder sie für die Strecke dreimal so lang braucht wie der Weltrekordhalter.

Aber er oder sie rennt mit sechzig nicht in der Kategorie der Zwanzigjährigen mit. Tennisspieler oder Fußballer hören spätestens mit 35 auf – oder spielen noch eine Weile in China weiter. Der Mutter-Tochter-Schönheitswettbewerb ist übrigens ein beliebtes Sujet in der Werbung – derzeit werden alle möglichen Produkte mit einer jung gebliebenen alten Frau und einer tatsächlich jungen Frau zusammen beworben.

Dieses Sujet – es existiert inzwischen auch in der Variante Hipster-Vater posiert mit Hipster-Sohn – mag zwar ein bisschen lächerlich und arg bemüht sein; es lässt sich aber auch etwas daraus lesen, das ich durchaus sympathisch finde. Nämlich, dass sich der Gegensatz zwischen den Generationen verwischt hat. Selbstverständlich heißt das nicht, dass es keine soziologisch relevanten Unterschiede mehr zwischen den Generationen gibt, aber sie haben in gewissen Kreisen unter bestimmten Bedingungen an Sprengkraft verloren. Vielleicht ist der Feminismus der Mütter nicht derselbe wie derjenige der Töchter, aber es gibt doch einen gewissen Grundkonsens. Nicht jede Generation muss die Welt neu erfinden. Es ist kein Naturgesetz, dass die alte Generation sagt, wo es langgeht, und die junge sich dagegen zur Wehr setzen muss.

Das bringt mich auf die Debatte um sogenannte Mutter-Tochter-Freundschaften. Sie sind ja ein beliebter Gegenstand für die mediale Erhitzung der Gemüter: Während sich Jugendliche früher so weit wie nur möglich von ihren Eltern distanzierten, bedienen sie sich heute in deren Kleiderschrank und wenden sich mit ihren Problemen an sie. Daraus reimt sich die Presse gerne eine verheerende Verwischung der Generationen zusammen, die eine gesunde Ablösung verunmögliche. Man echauffiert sich über Mütter, die sich benehmen, als wären sie die besten Freundinnen ihrer Töchter, und über die armen Töchter, die ihre Mütter sogar selbst als beste Freundin bezeichnen. Mich nervt das, weil nur schon der Vergleich schief ist: Man ist naturgemäß nicht «die beste Freundin» oder «der beste Freund» seiner Kinder, weil man zu seinen Kindern eine urwüchsige Beziehung hat, die nicht zu vergleichen ist mit der Beziehung unter besten Freunden. Außerdem ist es doch nicht erstrebenswert, dass wir unsere Kinder von uns stoßen oder sie uns, wie es frühere Generationen getan haben – oder meine Katze mit ihren Katzenkindern. Ich habe eine enge Beziehung zu meinen drei Kindern, auch zur ältesten Tochter, die schon längere Zeit ausgezogen ist. Trotzdem, vielleicht auch gerade deswegen, haben sich meine Kinder abgenabelt und nabeln sich weiter ab: Sie sind eigenständige, unabhängige und sehr unterschiedliche Persönlichkeiten. Mir leuchtet nicht ein, warum es gesünder sein soll, wenn man sich über dramatische Auseinandersetzungen mit den Eltern ins Erwachsenenleben kämpft. Das ist doch vielmehr oft traumatisch.

Eigentlich wollen wir ja übers Altern sprechen, und wieder sind wir dabei, Medienkritik zu üben. Je älter ich werde, desto mehr verstärkt sich mein ohnehin nicht geringer Widerwille gegen diesen Trend-Behauptungs-Journalismus, gegen diese haltlosen Soft News und das Lifestyle-Blabla, bei dem irgendwelche Anekdoten oder Zufallslesefrüchtchen zu einer steilen These aufgeblasen werden, deren Gegenteil dieselbe Überzeugungskraft hätte. Mal geht es um die Verwischung der Generationen durch Eltern-Kind-Freundschaft, mal um die Abzocke der Kinder durch ihre Eltern, wenn es um die Rentenbeiträge geht – irgendwas ist immer, und das Ganze kehrt etwa im Jahresrhythmus in einer neuen Variation wieder. Mal vernachlässigen die Eltern ihre Kinder, weil sie permanent mit ihren Smartphones beschäftigt sind, mal können sie nicht loslassen, weil es sich um sogenannte Helikoptereltern handelt. Aber um zum Thema der Generationenkonflikte zurückzukommen: Der Generationenkampf ist keineswegs ein Naturgesetz, die Ausgestaltung der Pubertät folgt keinen natürlichen Vorgaben und nicht alle Kinder sind Jungbauern, die nur darauf warten, dass der tyrannische Altbauer den Weg frei macht, damit man endlich den Hof übernehmen kann. Mein Musikgeschmack harmoniert etwa zu zwei Dritteln mit dem meines Sohnes, und wäre ich nicht fast doppelt so schwer wie er (kleine Übertreibung) könnten wir zwei Drittel unserer Kleider wechselseitig auftragen. Ich sehe darin so wenig eine Tragödie wie Sie. Die Aufregung um die alten Eltern, die sich ihren Kindern als beste Freunde aufdrängen, ist eine weitere Facette einer Normativität, die uns Tag für Tag aufs Auge gedrückt wird. Wobei es sich bei dieser Normativität nicht um ein konsistentes Gefüge von Werturteilen handelt, sondern um beliebig wechselnde Behauptungen.

Der Graben zwischen den Generationen ist nicht mehr so tief. Wird sich das auch auf das Verhältnis unserer Kinder zu uns auswirken, wenn wir alt sind? Bei meinen Eltern hatte ich das Gefühl, dass deren Distanz gegenüber ihren Eltern es für sie eher schwieriger machte, sich um sie zu kümmern, als sie alt und hilfsbedürftig wurden.

Ich kenne Leute, die mit ihren Geschwistern vor einer langen Reise abgesprochen haben, dass man ihnen für den Fall, dass die kranke Mutter stirbt, nicht mit dieser schlechten Nachricht die wohlverdienten Ferien versauen soll. Ich weiß nicht, wie oft so etwas vorkommt; es ist vermutlich nicht einmal der Ausdruck einer besonderen Gefühlskälte, sondern lediglich der einer Entfremdung gegenüber den Eltern, die bei einer Angleichung der Generationen geringer werden dürfte.

Mit der Annäherung der Generationen wird die Diskrepanz zwischen der Selbstwahrnehmung und dem effektiven eigenen Alter größer: Man fühlt sich wesentlich jünger als man aussieht und auf andere wirkt. Dazu passt der hartnäckige Kampf gegen die körperlichen Spuren der Zeit – als ein Versuch, diese Diskrepanz soweit wie möglich auszugleichen. Solange man nicht in den Spiegel schaut und vor allem keine Fotos von sich in die Hände kriegt, auf denen man zwanzig ist, fühlt man sich mit fünfzig, sechzig oder wohl auch noch mit achtzig gar nicht so anders als mit dreißig oder vierzig.

Natürlich hat man in den Jahrzehnten viel erlebt und sich verändert, aber man empfindet das nicht unbedingt als Alterungsprozess. Wenn ich mit jüngeren Menschen ein Gespräch führe, ertappe ich mich dabei, dass ich mich gar nicht so viel älter fühle als sie, obwohl sie mich durchaus so wahrnehmen. Die Diskrepanz zwischen meiner Empfindung und meinem Äußeren wird mit zunehmendem Alter größer, was irritierend ist. Insofern geht der Spruch, man sei so alt, wie man sich fühlt, nicht ganz auf. Es ist eher umgekehrt: Man fühlt sich nicht so alt, wie man ist.

Diese These leuchtet mir ein. Ich komme zum Thema der Schönheitschirurgie zurück, die ja eine Strategie zur Lösung dieser Diskrepanz zwischen Selbstwahrnehmung und Alter sein kann. De facto hat die kosmetische Chirurgie aber ihre Grenzen, wenn sie nicht menschliche Karikaturen hervorbringen soll. Man kann ein wenig straffen und Fett loswerden – aber selbst ohne Bauchfett würde ich nicht auf einmal wie ein vierzigjähriger Athlet ausschauen. Die wirkungsvollsten Veränderungen sind wahrscheinlich die, die man nicht sieht, sondern nur im Gesamtpaket unterschwellig wahrnimmt. Ich sähe dann mit um die Hälfte reduziertem Bauch wie ein schlanker netter älterer Herr aus, anstatt – wie jetzt – wie ein etwas pummeliger netter älterer Herr. Wenn man das durch Zaubern hinkriegte, machte ich gerne dabei mit. Der Aufwand für eine Operation ist mir schlicht zu groß.

Vor einigen Jahren war ich als Journalistin an der 100-Jahre-Jubiläumsfeier eines Schweizer Nobelhotels. Das war in erster Linie ein Ü-70-Event – viele kamen mit ihren Rollatoren zum Fest. Die meisten waren sehr wohlhabende Stammgäste, Menschen, die man sonst kaum antrifft, weil sie im Auto chauffiert werden und nur an Orten verkehren, wo sie unter sich sind. Von den Frauen waren einige so stark operiert, dass sie aussahen wie Frankensteins Bräute. Eine der Damen konnte nur noch mit einem Strohhalm trinken, weil ihre Lippen dermaßen aufgespritzt waren, dass der Mund nicht mehr richtig aufging. Ähnliche Schönheitskarikaturen sieht man in Trash-TV-Sendungen wie ‹Der Bachelor›. Da lassen sich schon Zwanzigjährige reihenweise Ballonlippen spritzen. Ist doch interessant, dass ausgerechnet die Schönheitsmedizin den tiefen Graben zwischen Ober- und Unterschicht überwindet.

Ich bezweifle, dass sie das tatsächlich tut. Diese Übereinstimmung sieht zudem vielleicht auch nur in unseren Augen so aus, die wir die «feinen Unterschiede» auf diesem Gebiet nicht wahrnehmen können. Für uns sieht alles gleichermaßen prollig aus. So wie für die Westler alle Chinesen und für die Chinesen alle Westler gleich aussehen. Man sollte sich auch vor der naheliegenden Versuchung hüten, einfach nur das Ressentiment gegenüber den Schönen, Reichen und Operierten beziehungsweise den Dummen, Hohlen und Operierten zu bedienen. Bei beiden Gruppen geht es übrigens nur um die Frauen. Man findet deren ständige Sorge ums Aussehen lächerlich und fühlt sich erhaben. Vielleicht hilft ein Vergleich mit der Anorexie und ihrer Wahrnehmung. Man kann nicht verstehen, wie ein Mensch wie ein Skelett aussehen kann und das auch noch schön findet. Man möchte sagen: doppelt soviel Gewicht wäre attraktiv. Wer mit Anorektikern zu tun hat, weiß, dass solche gutgemeinten Tipps völlig wirkungslos bleiben. Man hat schlicht das Wesen der Anorexie nicht begriffen. Vielleicht begreift man in ähnlicher Weise die Funktion solch übertriebener Schönheitsoperationen nicht, wenn man Frauen, die süchtig danach zu sein scheinen, nur als Freaks betrachtet.

Wenn Gesundheit nicht mehr der Normalfall ist

Gesundheit wird in der Ersten Welt als eine Art Grundrecht aufgefasst: Man hat sie, oder man stellt sie schnell wieder her. Die Grippe kommt und geht, die schlimme Angina wird mit Antibiotika behandelt, der Beinbruch geflickt. Natürlich gibt es auch bei uns Menschen, die unheilbar krank werden oder chronische Leiden haben. Das erschüttert uns auch und macht uns Angst. Aber in der allgemeinen Wahrnehmung sind das die tragischen Ausnahmen; es trifft die anderen. Die Grenzen dieser Auffassung von Gesundheit werden den meisten erst langsam bewusst, wenn sie älter werden: Nicht vollständig gesund zu sein ist dann kein Ausnahmezustand mehr, sondern wird zum Normalfall.

Die meisten alten Menschen, die ich kenne – mich inklusive – haben sich mit ihren Einschränkungen einerseits abgefunden, andererseits möchten sie so viele wie möglich davon wieder loswerden. Man kann in dieser Situation leicht eine Art doppelte Buchführung machen: Solange die ‹objektiven› Gesundheitswerte einigermaßen okay sind, ist man ‹gesund› beziehungsweise versucht man mit weniger Rauchen, Trinken, Fett und Zucker wieder in den Normalbereich zu kommen; mit den eher subjektiven Beschwerden, den steiferen Gelenken und den schmerzenden Muskeln findet man sich irgendwie ab.

Der Unterschied zwischen krank und gesund wird schwammiger. Als ich mir mit dreißig auf der Skipiste das Kreuzband riss, war das mühsam: Ich hatte ein Baby, musste zwei Monate lang an Krücken laufen und sollte gleichzeitig einen Kinderwagen schieben. Ein Jahr später konnte ich wieder Skifahren. Als ich vor einem Jahr nach dem Tennisspielen starke Knieschmerzen hatte, die wochenlang nicht mehr verschwanden, kommentierte meine Ärztin, das sei eine Alterserscheinung – der Beginn einer Abnützung, die sich mal mehr, mal weniger und irgendwann vermutlich ständig bemerkbar machen würde. Es beginnt mit solch kleinen Dingen: Man kriegt über Nacht einen Hexenschuss und wird ihn erst nach Wochen aufwendiger Therapie wieder los. In jüngeren Jahren gönnt man sich ab und zu eine Massage oder Pediküre, später verbringt man viel Zeit beim Physiotherapeut oder der Podologin. Früher trieb man Sport aus Ehrgeiz oder ließ es demonstrativ bleiben, ab fünfzig macht man Yoga, Pilates, geht Schwimmen oder Joggen, um den Körper so funktionstüchtig wie möglich zu halten. Gesundheit ist auf einmal nicht mehr etwas, das man hat, sondern etwas, dass man sich erhalten muss. Irgendwann stellt man dann fest, dass Gesundheit vor allem etwas ist, das man verliert. Es ist wie beim Auto: Mit den Jahren gibt es immer mehr daran zu flicken, bis es schrottreif ist. Wir nennen es Altersbeschwerden, aber im Grunde ist es ein Sterben in Raten. Unser Körper funktioniert immer schlechter, zuerst in homöopathischen Dosen, dann immer eindeutiger, und wir halten das aus, obwohl wir wissen: Es wird nie mehr wirklich besser, aber sicher noch schlimmer.

Es ist eine gnädige Täuschung der Natur, die uns dieses Sterben in Raten aushalten lässt. Es geht ja meist nicht steil und schnell bergab, sondern langsam und nicht sehr steil. Es gibt längere Plateau-Phasen und hin und wieder auch Besserungen. Wir erholen uns von einer Grippe und nach der Physiotherapie geht es uns besser. Es ist nicht so, dass wir Monat für Monat ein Stück unseres Körpers verlieren. Außerdem gibt es allerhand Kompensationsmöglichkeiten diesseits des Rollators. Wir können öfter den Lift nehmen, weniger anstrengende Reisen machen und empfinden dies und ähnliches nicht als große Einschränkung. Außer wir haben eine Crocodile-Dundee-Seele.

Ich staune, wie scheinbar selbstverständlich alternde Menschen ihren eigenen Abbau in den Alltag integrieren: Noch ein Medikament mehr und ein weiterer Arztbesuch für die immer zahlreicheren Beschwerden, die nur noch sporadisch oder gar nicht mehr verschwinden. Offensichtlich entwickeln viele sogar einen gewissen Galgenhumor – wie heißt es so schön: «Wenn man im Alter morgens aufwacht und es tut nichts weh, dann ist man tot».

Ein ziemlich angejahrter und verstaubter Spruch. So wie «Altwerden ist nichts für Feiglinge» oder «Alter ist ein Massaker». Urgh.

Aber in solchen Weisheiten steckt bekanntlich immer ein Körnchen Wahrheit, das selbst das blinde Huhn noch findet: Während wir uns nämlich in jungen Jahren über jedes Wehwehchen empören, das länger als drei Tage anhält, begegnen ältere Menschen ihren Leiden zwar nicht unbedingt klaglos, aber doch mit bewundernswerter Ausdauer.

Was bleibt einem anderes übrig, wenn man sich nicht vollständig auf seine Gebresten reduzieren will?

Wobei die Ausdauer bei manchen durchaus mit dem Hang einhergeht, ihre Gebresten zum Gesprächsgegenstand zu machen.

Das sollte man tunlichst meiden, wenn man nicht selber gemieden werden möchte. Denn solche Jammerei reißt leicht ein.

Wie teuer darf das Alter sein?

Je mehr und schneller es körperlich abwärts geht, umso steiler steigen die Gesundheitskosten an. Allgemein ist ihre Explosion in aller Munde, und die Alten werden dafür ganz unverblümt an den Pranger gestellt: Schließlich gibt es nicht nur immer mehr von ihnen, die Hightech-Medizin bietet ihnen auch laufend neue Möglichkeiten, um länger (und das heißt auch immer kostspieliger) am Leben zu bleiben.

Altwerden als Attacke auf die Solidargemeinschaft der Versicherten – so wie Rauchen oder ungesunde Ernährung. Manche sehen das tatsächlich so und legen damit ein interessantes Zeugnis dafür ab, wie man Solidarität umdeuten kann: als Kampf gegen die Schwächeren, die auch leben wollen und damit Kosten verursachen.

Die Schweiz müsse sich der Kosten-Nutzen-Rechnung in der Altersmedizin stellen, teasert ein Tagesschaubeitrag. Der ‹Spiegel› titelt: «Brauchen 91-Jährige noch neue Herzklappen?» Politiker fordern Altersobergrenzen für gewisse Operationen. Ein Gesundheitsökonom möchte Behandlungen aus der Grundversicherung streichen, bei denen das Kosten-Nutzen-Verhältnis ungünstig ist, zum Beispiel Hüft- oder Kniegelenkoperationen bei über 85-jährigen. Er vertritt die Ansicht, dass ein «qualitätsbereinigtes Lebensjahr» – so nennt man in Fachkreisen ein zusätzliches Jahr mit guter Lebensqualität – nicht mehr als 150 000 Franken kosten dürfe. Eine Studie des Schweizerischen Nationalfonds hat ergeben, dass nach Ansicht der Schweizer Prämienzahler*innen ein weiteres Lebensjahr für einen Krebspatienten, der über siebzig ist, nicht mehr als 55 000 Franken kosten darf, für Jüngere dagegen bis zu 110 000 Franken. Wenn ich solches Zeug lese, stelle ich mir die Ökonomen vor, wie sie, das Milchbüchlein in der

Hand, zusammen mit den Ärzten Patientengespräche führen und ihnen vorrechnen, dass die Behandlung ihnen voraussichtlich leider nur zehn statt zwölf qualitätsbereinigte Monate verschaffen würde und sich ergo nicht lohne. Außerdem frage ich mich, was das Kosten-Nutzen-Verhältnis solcher Studien mit derart bescheuerten Fragestellungen ist: Da sollen doch tatsächlich Menschen darüber Auskunft geben, welche Maximalbeträge ihnen die zusätzlichen Lebensjahre ihrer Mitmenschen wert sind.

Altersfragen sind ein prima Schlachtfeld für einen sich ganz rational und unschuldig aufführenden Sozialdarwinismus.

Auf der anderen Seite muss man in manchen Fällen tatsächlich annehmen, dass alte, kranke Patient*innen von ihren Ärzt*innen schlecht beraten worden sind. Zum Beispiel, wenn ein komplizierter, schwerwiegender Eingriff einem bereits angeschlagenen alten Menschen mehr Leid bringt als Erleichterung. Es gibt Ärzte, die vor allem ihre Behandlungen verkaufen wollen – auch bei jüngeren Patient*innen. Ein Beispiel: Als ich starke Zahnschmerzen hatte, wollte mir der eine Zahnarzt sofort für mehrere tausend Franken eine Wurzelbehandlung machen und eine Krone auf den toten Zahn setzen. Der andere schliff den Zahn ein bisschen ab und meinte, man könne erst mal abwarten, ob die Schmerzen damit nicht verschwinden – was sie auch taten. Kostenpunkt: 118,50 Schweizer Franken. Oder da war das Privatspital, das nach der Geburt meiner ersten Tochter darauf achtete, dass ich das Spital ja nicht eine halbe Stunde früher verlasse als vorgesehen, da sie mir ansonsten keinen weiteren zusätzlichen Tag hätten verrechnen können. In solchen Situationen kann man die Klagen über explodierende Gesundheitskosten durchaus nachvollziehen.

Solche Anekdoten sind Legion. Sie zeigen, dass ein mehr und mehr privatisiertes Gesundheitswesen, das einerseits auf Profitmaximierung der Anbieter aus ist und gleichzeitig Kostenreduktion bei den «Kunden» fordert, nicht gerade das ist, was man sich unter funktionierender Marktwirtschaft vorstellt.

Eine oft diskutierte Frage lautet, wie lange wie viel unternommen werden soll, wenn ein alter Mensch im Spital zwischen Leben und Tod schwebt. Viele Leute füllen vorsorglich Patientenverfügungen aus, in denen geregelt wird, unter welchen Umständen keine lebensverlängernden Maßnahmen getroffen werden sollen. Ich habe selbst erlebt, wie vielschichtig solche Situationen sind, und dass die Antworten auf die vielen Fragen nicht so einfach sind, wie man sie sich in der Theorie vorstellt. Soll man einen alten, aber nicht todkranken Menschen wiederbeleben, wenn im Spital sein Herz versagt? Wie lange versucht man, eine extrem schmerzvolle Entzündung mit Antibiotika zu heilen, ab wann lindert man nur noch die Schmerzen? Wie lange verabreicht man lebensnotwendige Medikamente intravenös? Soll man einen Menschen verdursten lassen oder sein Sterben mit Flüssigkeit künstlich verlängern?

Das sind Fragen, die man sich gegen Ende seines Lebens oder des Lebens eines Angehörigen durchaus stellen kann und muss. Ich finde jedoch die Art bedenklich, mit welchem Nachdruck nach allgemein gültigen Antworten auf diese Fragen gesucht wird. Das erinnert mich immer an die ethischen Diskussionen, die seit Philippa Foots berühmtem Trolley-Gedankenexperiment mit Begeisterung geführt werden. Stellen Sie sich vor, ein Zug mit 100 Kindergartenkindern rast auf ein Altersheim zu, in dem 110 Neunzigjährige wohnen. Darf man den Zug zum Entgleisen bringen (und damit das Leben der 100 Kinder gefährden), um 110 Greisinnen und Greise zu retten? Ich habe das in einem Aufsatz mal die «Pathologie der Moral» genannt. Pathologisch nenne ich eine moralische Argumentation dann, wenn sie sich in solchen Dilemmata suhlt und auf wasserdichten vernünftigen Lösungen beharrt. Dabei wird die rationale Argumentation zu einem rationalistischen Wahnsystem. Der Utilitarismus – etwa Peter Singerscher Provenienz – ist ein guter Nährboden für solche Pathologien, bei denen es, etwas platt gesagt, nicht darum geht, sich wie ein guter Mensch zu verhalten, sondern um eine ständige Abwägung von Übeln und um die permanente Aufforderung, sich zu entscheiden. So wie bei der berühmten Frage, mit der man Kinder plagen kann: Wen hast Du lieber, Mama oder Papa?

Nicht nur moralisch, auch ökonomisch wird das Sterben der anderen gerne nach den Regeln der Vernunft debattiert. Immer mal wieder wird zum Beispiel rapportiert, das letzte halbe Lebensjahr sei medizinisch mit Abstand das teuerste. Was legen uns solche Statistiken nahe: dass wir die Leute ein halbes Jahr vor ihrem Tod (den wir zuerst terminlich festlegen müssten) nicht mehr zum Arzt oder ins Spital bringen sollen und damit eine klassische Win-win-Situation hätten? Die armen, ohnehin todgeweihten Menschen würden dann weniger lange leiden und die Krankenkassenprämien ganz nebenbei drastisch sinken. Ist das die Pathologie der Ökonomie?

Beide Pathologien sind miteinander verknüpft, denn hier gehen Moral und ökonomischer Nutzen Hand in Hand. Allein, wenn man bedenkt, wie viele arme Kinder in der Dritten Welt man von dem gesparten Geld retten könnte. Was aller-

dings dazu führen würde, dass die Krankenkassenprämien dann doch nicht wie gewünscht sinken.

Ich erlebe in meinem Umfeld übrigens kaum operationsfreudige Alte, im Gegenteil: Ältere Menschen überlegen es sich oft mehr als zweimal, ob sie die Strapazen eines großen Eingriffs auf sich nehmen möchten. Auch wenn keine Patientenverfügung vorhanden ist, fragen die Ärzte zuerst die Angehörigen, bevor sie dem todkranken 85-Jährigen die Rippen brechen, um ihn wiederzubeleben. Sie sagen einem, wenn sie es für möglich halten, dass eine Verschlechterung des Zustands sich wieder zum Guten wenden könnte, und sie sagen einem auch, wenn sie es für unwahrscheinlich halten. Irgendwie reimt sich in einem solchen Desaster alles zu dem zusammen, was einem in dieser ganz spezifischen Situation und zu diesem Zeitpunkt als richtig erscheint. Ob das dann 80 oder 80 000 Franken kostet und was die Prämienzahler davon halten, ist dabei – zum Glück – irrelevant.

*Man kann hoffen, dass es so bleibt; man kann aber auch befürchten, dass die noch vernünftige gegenwärtige medizinische Praxis sich mit der Zeit noch mehr nach dem Spargeschrei richtet. Solche Angelegenheiten sind sehr fragil. Stimmungen können sehr schnell kippen. Denken Sie an das Business, das manche IV-Gutachter mit der nahezu routinemäßigen Ablehnung von Rentenanträgen betreiben. Sind das Einzelfälle oder die Symptome eines großen Systemfehlers? Vielleicht werden irgendwann ebenfalls Gutachter*innen über Behandlungen von alten Menschen entscheiden; vielleicht ist das aber auch nur eine paranoide Befürchtung. Ich weiß es nicht. Ich weiß nur, dass man im hohen Alter nicht gerade in einer starken Position ist, um für seine Interessen einzutreten. Wahrscheinlich kennt man diese selber nicht immer genau.*

Umso wichtiger ist es, den Menschen um einen herum vertrauen zu können.

Die Alten, marktwirtschaftlich betrachtet
Einerseits malen wir den Teufel an die Wand, wie uns die Überalterung volkswirtschaftlich in den Ruin treibe, andererseits sind die Alten eine Goldgrube: Immobilienfirmen spezialisieren sich aufs Alterswohnen mit Pflegedienstleistungen, Zeitungen richten ihr Telefonmarketing auf Kund*innen Ü-60 aus – ihre letzten Leser. Auch die Reisebranche lebt zu einem guten Teil von Pensionierten. Als verlässlicher Wachstumsmarkt kurbelt das Alter unsere Wirtschaft an.

*Sobald eine Gruppe Geld hat, wird sie zum Zielpublikum: die Kinder, die genügend Taschengeld bekommen, um sich etwas Größeres leisten zu können als einen Schleckstängel am Kiosk; das doppelverdienende homosexuelle Paar, für das spezifische Reisen konzipiert werden. Wäre schwul ein Synonym für arm, gäbe es solche Reisen nicht. Dann wären die Homosexuellen ein Fall für die kommunale Sozial-Animation. Mit den Alten verhält es sich ebenso. Schon seit Jahrzehnten bilden die «Senioren» eine beworbene Gruppe: Sie haben genug Geld und vor allem Zeit, es auszugeben. Gleichzeitig schürt man die Wut auf die Rentner*innen, die ihr Geld zu früh verprassen und dann Ergänzungsleistungen beantragen; die nicht früh genug Kapital angespart haben, um für ihre Pflegekosten aufzukommen, das heißt dann wieder dem Staat zur Last fallen. Die Alten sollen konsumieren, aber nicht aufhören zu sparen. Es ist ein widersprüchliches Lied, das in der Tonart der «Eigenverantwortung» gesungen wird.*

Im Gesundheitswesen profitiert ein ganzes Heer von Dienstleistern von den Gebrechen der alternden Gesellschaft. Ich bin keine Betriebswirtschafterin: Aber vielleicht sollten wir, statt über die Grenzen des solidarischen Generationenmodells zu klagen, damit beginnen, über solidarische Umverteilungsstrategien und -modelle zu diskutieren, in denen das, was uns die Golden Ager einbringen, in die Kostenrechnung mit einfließt, die wir so gerne für sie aufstellen.

Ich habe keine konkrete Idee, wie das geschehen soll, aber ich stimme grundsätzlich zu. Wir sollten auch einmal von dieser dummen Strafrhetorik wegkommen, die besagt, die Jungen würden bestraft, wenn sie die Altersvorsorge finanzieren müssen – als ob die Jungen nicht ihrerseits älter würden.

Die Aussicht, dass die westliche Welt mehr und mehr mit alten Menschen bevölkert sein wird, freut mich auch nicht besonders, obwohl ich genau zu diesen Heerscharen gehören werde. Mir ist auch klar, dass die Überalterung für die Jungen nicht besonders lustig ist. Aber daran läßt sich ja wohl nichts ändern, es sei denn mit obligatorischer Sterbehilfe.

Der Diskurs über die «Überalterung» ist so sinnvoll wie die Rede von der Islamisierung oder der Verjudung. Wenn man diese als wirkliche Probleme betrachtet, die gelöst werden müssen, dann bedeutet das immer ein impliziter Aufruf zur Gewalt. Solche Begriffe machen Gruppen zu einer Art «Problembär», und was man mit diesem macht, weiß man ja.

Vielleicht motiviert die Überalterungs-Bedrohung kommende Generationen dazu, wieder mehr Kinder zu kriegen. Dann können sie dereinst ungeniert altern, ohne ihren Nachkommen zur Last zu fallen. Wobei diese zukünftigen Alten dann wiederum von einer Generation profitieren würden, welche die nächste zahlenmäßig wieder belasten könnte und so weiter.

Oder künftige Generationen haben weniger Kinder, man wird sehen. Statt Visionen eines «gesunden» demographischen Verhältnisses zwischen Jung und Alt hinterherzurennen, sollte man sich besser überlegen, wie man zu einem bestimmten Zeitpunkt mit einem bestimmten Verhältnis von erwerbstätiger und nichterwerbstätiger Bevölkerung für einen vernünftigen Ausgleich zwischen den Generationen und ihren unterschiedlichen Interessen sorgt – ohne dabei so zu tun, als ginge es um «Generationengerechtigkeit». Die Jungen können nichts dafür, dass sie jung sind, so wie die Alten nichts dafür können, dass sie alt sind.

Die Polemik zum Thema kommt gar nicht unbedingt von den Jungen, sondern wird von Leuten gepusht, welche die Mitte ihres Lebens selbst bereits überschritten haben. Irgendwie klingt die Debatte für mich auch nicht nach echter Besorgnis um das Schicksal der Nachkommen. Eher nach Missgunst, die nicht von den Enkelkindern kommt, sondern aus unserer Generation, die Ressentiments gegenüber ihrer Elterngeneration hegen. Läßt sich das psychoanalytisch erklären?

Psychoanalytisch lässt sich bekanntlich alles erklären; aber die Erklärungen sind nicht immer erhellend. Ich glaube allerdings, die grassierende Missgunst ist nicht primär eine unserer Generation, die sich gegen die Elterngeneration richtet. Vielleicht sind wir Boomer manchmal von unseren Eltern genervt, unter anderem weil wir selber schon recht überfordert sind von der modernen Technik, aber trotzdem noch dafür herhalten müssen, den Eltern das Smartphone zu erklären und dabei auf eine Renitenz und Vergesslichkeit stoßen, die wir freilich auch schon von uns selber kennen. Herzlosigkeit unserer Generation gegenüber den Eltern beobachte ich eher selten. Das ist natürlich nur ein anekdotisch unterfüttertes Gefühl. Wenn ich die Kommentare und Leserbriefe zu Artikeln über das Feld der Sterbehilfe oder der Gesundheitskosten im Alter anschaue, dann habe ich eher den Eindruck, es artikuliert sich eine Art Stahlhelmfraktion in der Altersgruppe der gerade Pensionierten und der Siebzigjährigen. Im Tonfall: Ich weiß, wann es genug ist. Bevor ich dement werde, gebe ich mir die Kugel. Gottlob gibt es Exit. Es ist eine forcierte Härte gegen sich selbst in der Zukunft.

Altersdiskriminierung

An Eintrittskassen gibt es reguläre und reduzierte Tickets. Ab 65 gehört man wieder zur vergünstigten Kategorie, zusammen mit Kindern und Jugendlichen. Die Kategorie ist als finanzielle Entlastung gedacht, zementiert aber vor allem ein Bild: Als Rentner gehört man nicht mehr zur Masse der Individuen, sondern wird als Gruppe wahrgenommen, wie die Kinder, nur ohne Jööh-Effekt. Das ist doch irgendwie seltsam, denn alle anderen – die Erwachsenen nämlich – zahlen gleichviel, ob sie nun Herzchirurgin oder Bauarbeiter sind.

Das ist es. Man wird infantilisiert. Wie die Elfjährigen, die hoffen, dass sie an der Kasse vorbei in den Film dürfen, der erst ab zwölf freigegeben ist, hoffen die 69-Jährigen, dass der Kassierer sie nicht fragt, ob sie die AHV-Reduktion wollen.

Wenn eine Gruppe von Rentnern im Zug unterwegs ist, wird sie ähnlich wie eine Clique von Jugendlichen vor allem als Kategorie wahrgenommen – die der Alten.

Fast hätte ich Ihnen zugestimmt – aber ich glaube, Ihr Gruppen-Zug-Beispiel taugt nicht, um auf die Analogie von Gruppen von Jugendlichen und Rentnern hinzuweisen. Gruppen werden eigentlich immer als Kategorie wahrgenommen, auch die Betriebsausflugsgruppe: das sind dann zum Beispiel die IT-Nerds oder die reisefreudigen Hausfrauen oder was auch immer. Was aber stimmt, ist, dass «die Alten» oder «die Jungen» eine nicht sehr brauchbare soziologische Kategorie sind. Die Gruppen sind auch Medieneffekte: Im Moment glaubt man, alle Jungen seien klimabewegt, bis wieder eine mutige Journalistin kommt und eine jugendliche Reisegruppe im Easyjet-Flieger auf die Balearen begleitet. Dann sind die Jungen wieder Klimaheuchler. Parallel dazu ein Bericht über die Klima-Omas und die verarmten Rentner, die sich keine Butter aufs Brot leisten können, und das Klischee vom Kreuzfahrt-Rentner weicht vorübergehend, um dem brennenden Thema der Altersarmut Platz zu machen. Die Medien haben Probleme mit der Darstellung von Heterogenität innerhalb von Gruppen. Es reicht nicht, dass manche Fußballfreunde über den Tod von Köbi Kuhn traurig sind – unter «DIE GANZE SCHWEIZ TRAUERT» läuft es in der Berichterstattung nicht.

Das Zug-Beispiel taugt vielleicht nicht. Trotzdem habe ich das Gefühl, dass alte Menschen eher in einen Topf geworfen werden als zum Beispiel Vierzigjährige.

Man könnte es vielleicht so formulieren: Einerseits – wenn es um alte Menschen als Konsumenten geht – gibt es eine genaue Differenzierung nach Zielgruppen. Wenn man andererseits über sie schreibt oder sie ‹verwaltet›, herrscht dieselbe Art vereinnahmender Generalisierung vor wie bei Kindern oder Jugendlichen: Alte Menschen wollen im vertrauten

Quartier bleiben, alten Menschen wird die alte Wohnung zu groß; Kinder wollen draußen herumtollen, Kinder sollten nur begrenzte Zeit Computergames spielen.

Vielleicht liegt es auch an den Altersattributen, die verbindend wirken: graue Haare, erschlaffte Konturen, verlangsamte Bewegungen. Vielleicht lösen diese Attribute eine innere Abwehrhaltung aus, weil sich in ihnen die Endlichkeit des eigenen Lebens manifestiert. Die meisten Menschen, oft auch die alten selbst, sind zum Beispiel nicht gerne an Anlässen oder in Lokalen, wo sie vor allem ältere Menschen antreffen.

Vielleicht fliehen sie auch eine bestimmte Art von Gleichheit – eine Gleichheit, die unter dem Motto «Wir als ...» steht. Wir als Frauen, wir als Psychoanalytiker, wir als Sozialdemokratinnen, wir als Alte, was auch immer.

Mir scheint einfach, dass es eine Art Unbehagen gegenüber Gruppen von älteren Leuten gibt, analog zu demjenigen, das manche Leute veranlasst, die Straßenseite zu wechseln, wenn sie einer Gruppe junger Ausländer begegnen oder allgemein einer Clique lauter Jugendlicher.

Vermutlich fühlt man sich innerhalb sehr homogener Gruppen unwohl, weil man zur offenkundigen Ausnahme wird.

Kommt nach der Angst vor der Überfremdung die Angst vor uns, den Vertretern der Massenalterung?

Der beste Weg der Diskriminierung ist immer der, sein Ressentiment als Angst zu tarnen.

Fachleute, die viel mit alten Menschen zu tun haben, beobachten, wie diese sich mehr und mehr zurückziehen und still werden, weil sie sich für ihre Unzulänglichkeiten und manchmal gleichsam für ihr Dasein schämen. Der Verband Gerontologie CH hat deshalb mehrere Kurzfilme über Altersdiskriminierung produziert. Müssen wir künftig Aufklärungsarbeit gegen Altenfeindlichkeit leisten?

So etwas hätten wir uns schon früher leisten sollen. Im Industriezeitalter war man nie besonders nett zu den Alten. Die AHV wurde uns nicht von der Evolution in die DNA transplantiert, sondern musste erkämpft werden.

Auch wenn es immer mehr Alte geben wird: Es schaut nicht so aus, als würde ihre Lobby zunehmen, im Gegenteil.

Vor allem die Boomer haben zur Zeit schlechte Karten. Zum einen sind sie dafür verantwortlich, dass die heutige Jugend so schlecht erzogen ist und die Kinder zu Tyrannen geworden sind; und zum anderen haben sie Greta die Kindheit geklaut.

Länger arbeiten – aber keiner will dich

Eine manifeste Form von Altersdiskriminierung gibt es auf dem Arbeitsmarkt. Als ich vor 25 Jahren bei der Tamedia (heute: TX Group) als junge Redaktorin anfing, wurden altgediente Redaktoren regulär mit 65 pensioniert und man hielt zu ihrer Verabschiedung ausführliche Laudationes. Als es im Unternehmen vor etwa zwölf Jahren zur ersten großen Entlassungswelle kam, legte man allen ab 58 die Frühpensionierung nahe und entließ erstmals auch 55-Jährige, ohne groß mit der Wimper zu zucken. Inzwischen ist das in der Privatwirtschaft gang und gäbe. Ich kenne auch in meinem persönlichen Umfeld verschiedene Leute, die zwischen 55 und 60 ihre Stelle verloren haben und sich dann mehr schlecht als recht in die Pensionierung gehangelt haben. Viele Arbeitnehmer*innen, die auf die sechzig zugehen, gehören zur Hochrisikogruppe derer, die bei der nächsten Umstrukturierung entlassen werden könnten. Ältere Mitarbeiter sind teurer und oft weniger flexibel und flink als ihre jungen Kolleginnen. Wer sie los wird, kann die Jahresbilanz aufpolieren.

Früher gab es tatsächlich Bereiche, in denen das Alter ein Bonus war – nämlich dort, wo es auf Erfahrung ankam. Im Journalismus zum Beispiel spielte es eine Rolle; mit der Dossierkenntnis einer langjährigen Redaktorin konnte eine Newcomerin nicht mithalten. Es gab eine lebenslange Weiterbildung ohne besondere Kurse, einfach nur durch den Job. Diese Art von Journalismus ist ein Auslaufmodell. Weiterbildung braucht es nun im Journalismus vor allem deshalb, weil mit jeder Generation neuer Schnitt- oder Textprogramme die gewohnten Befehle zur Abwechslung woanders versteckt werden.

Die veränderten Anforderungen in der Arbeitswelt führen dazu, dass das Alter kaum mehr als Bonus, sondern als Last empfunden wird. Trotzdem schockiert es mich, wenn 58-Jährige entlassen werden, als wäre das die normalste Sache der Welt. Meine beiden Töchter haben in einer vom Wirtschaftsmagnaten Schmidheiny gesponserten schulischen «Wirtschaftswoche» unter anderem gelernt, wann man wie viele und welche Leute entlassen muss, um eine Firma wettbewerbstauglich zu machen. Dabei haben sie auch Entlassungsgespräche geübt.

What the f...! Allerdings ist diese Schnoddrigkeit im Umgang mit Menschen, die ja schon seit ziemlich langer Zeit «Hu-

man Resource Management» heißt, nichts, das die heute Zwanzigjährigen erfunden haben und nichts, das nicht auch Vierzigjährige trifft.

Die Belegschaft als Manövriermasse mit Sparpotenzial laufend zu optimieren, ist ein Gebot des modernen Managements. Auch in der Buchhaltung laufen die Löhne unter dem Begriff «Personalaufwand». Absurd ist, dass die Abwertung des Alters in der Berufswelt mit der Forderung nach einer Erhöhung des Rentenalters einhergeht: Erstens, weil die Alterserwartung gestiegen sei, und zweitens, weil das heutige Rentenalter unsere Sozialwerke sprenge. Die Frage ist: Wie sollen denn die Leute bis 67 oder 70 arbeiten, wenn sie ab 50 niemand mehr einstellen möchte?

Das ist tatsächlich ein skandalöser Widerspruch, der aber nichts daran ändert, dass eine steigende Lebenserwartung auch zu Reformen im Rentensystem führen muss. Sei es in Form von höheren Beiträgen, einer Querfinanzierung der AHV durch die Mehrwertsteuer – oder eben einer Erhöhung des Rentenalters.

Bei der Option «Erhöhung des Rentenalters» geht die Rechnung schlicht nicht auf: Der heutige Arbeitsmarkt kann ältere Arbeitnehmer nicht brauchen. Wenn die AHV sie auch nicht haben will, bleiben die Arbeitslosenkasse oder die Sozialhilfe, die dann natürlich gekürzt werden müssen, damit sie finanzierbar bleiben. Offensichtlich geht es darum, das Problem der Überalterung so lange zu verschieben, bis es zum persönlichen wird: selber schuld, wer in der Altersarmut landet. Es gibt schließlich immer welche, die die Kurve kriegen. Zum Beispiel die Glücklichen, die genug geerbt oder die Tüchtigen, die Karriere gemacht haben – zum Beispiel, indem sie rechtzeitig genügend von ihren Altersgenoss*innen entlassen haben.

Die Privatisierung sozialer Probleme ist ein bewährter Mechanismus. Nachdem man jahrzehntelang gehört hat, die Renten seien sicher, erfährt man heute, dass es naiv war, sich darauf zu verlassen. Man hätte vor vierzig Jahren mit Aktiensparen beginnen sollen.

Pensionierung – was nun?
Die einen freuen sich darauf, die anderen fürchten sie: die Pensionierung. Ich gehöre zur ersten Kategorie und habe bereits heute das Gefühl, dass ich lange genug gearbeitet habe, obwohl ich meine Arbeit mag. Bei Ihnen wird es eine solche Zäsur kaum geben. Sie können als Psychoanalytiker und mit ihren weiteren Engagements fast so weitermachen wie bisher. Ist die Pensionierung für Sie überhaupt ein Thema?

Ich denke jeden Tag daran; und an die finanziellen Einbußen, die ich auf einen Schlag hätte, wenn ich mit Arbeiten aufhören würde. Die Miete sinkt ja nicht, wenn das Einkommen sinkt. Und wie löst man eine Praxis auf, die eine Bibliothek mit zehn- bis zwanzigtausend Büchern enthält? Alles in die Mulde? Das macht mir Kopfzerbrechen, nicht die Vorstellung, nichts mehr zu tun zu haben.

«Me estoy desprendiendo de las cosas» – ich löse mich mehr und mehr von den Dingen. So hat mir mein einstiger Spanischprofessor sein Altern beschrieben. Ich finde das Bild wunderbar. Auch mir fällt es, je älter ich werde, desto leichter, mich der Dinge zu entledigen.

Das ist bei mir durchaus auch so. Aber das betrifft eher Dinge, die ich verschenken kann. Mich von Schrott zu verabschieden, ist auch kein Problem. Vor Kurzem haben wir auf dem Estrich eine Entrümpelungsaktion gemacht – das hat gut getan. Aber es bleibt dann noch viel übrig, das auch von objektivem Wert ist; meine Bibliothek besteht ja nicht aus gelesenen Krimis.

Was mir bei pensionierten Bekannten auffällt: Von Ruhestand kann keine Rede sein. Kaum haben sie aufgehört zu arbeiten, ist ihre Agenda noch voller als zuvor – keine Spur von Flexibilität, wenn es um ein spontanes Treffen auf einen Kaffee oder um eine Einladung zum Abendessen geht. Pensionierte hetzen wie eh und je, manche wirken sogar noch ruheloser als früher: Da gibt es Mandate zu erfüllen, Freiwilligenarbeit, Enkelhüten, Hobbys und so weiter. Ich kann das schlecht nachvollziehen. Zeit zu haben ist genau das, wonach ich mich im Hinblick auf die Pensionierung am meisten sehne. Aber vielleicht ist das nur die Idealisierung von einer, die noch nicht pensioniert ist.

Ich hasse es immer mehr, dass alles mit Terminen verbunden ist. Immer muss man irgendetwas zu einer bestimmten Zeit. Übrigens auch außerhalb der Arbeit. Selbst die Ferien funktionieren nach dem Muster: Buchen Sie noch heute und profitieren Sie von Ich-weiß-nicht-was …; Aktualisieren Sie das Betriebssystem jetzt, wenn Sie nicht Opfer einer gefährlichen Sicherheitslücke werden wollen … Ich ertrage diesen Termindruck immer weniger.

Das durchgetaktete Leben wird früh eingeübt: Bereits in der Primarschule richtet man sich nach Hausaufgabenplänen, und später im Studium sammelt man Credits und absolviert jedes Semester eine Unmenge an Prüfungen. Vielleicht löst man sich tatsächlich nur schwer vom Stechschritt des Alltags, der uns ein Leben lang angetrieben hat.

Man soll vorsichtig sein mit Prognosen darüber, was man täte, wenn man nicht mehr müsste. Aber in meinen seit einiger Zeit ausgiebig zelebrierten langen Sommerferien habe ich bereits mit meiner Art des Lebens ohne viel Verpflichtungen experimentieren können. Dabei habe ich festgestellt, dass ich diese vielgelobte Tagesstruktur nicht brauche. Selbstverständlich würde ich nicht den Tag zur Nacht machen und vermutlich auch nicht bis mittags schlafen; aber ich muss tatsächlich nicht um sechs Uhr aufstehen, damit mein Leben noch einen Sinn hat. Ich würde meinen Lebensstil nicht um 180 Grad umstellen, nur von vielen Verpflichtungen entlasten. Das ist das, was ich mir unter Nicht-mehr-arbeiten-müssen vorstelle, nicht, dass ich untätig den ganzen Tag in einem Lehnstuhl säße. Ich würde auch nicht asozial werden und versauern; aber schon jetzt leiste ich es mir, kaum an irgendwelchen Veranstaltungen teilzunehmen. Ich hänge gern mit meiner Frau ab, sehe gerne ein paar Freunde und Freundinnen – ich muss nicht immer ein Programm haben.

Die gesellschaftliche Bedeutung der Berufswelt ist nicht zu unterschätzen: Man klagt zwar ein Arbeitsleben lang über zu viel Stress, Reorganisationen und dumme Chefs, definiert sich aber auch darüber. Die Hassliebe zur Arbeit und die kleinen und großen Probleme, die sie uns beschert, bestimmen den Alltag und nähren den Gesprächsstoff, der uns mit Freunden, Bekannten und dem Partner verbindet. Darum sind wir gestresst, wenn wir arbeiten, aber eben auch, wenn wir es nicht mehr tun.

Ich habe immer gearbeitet, weil ich Geld verdienen musste. Ich habe über Jahre bis zu achtzig Stunden in der Woche gearbeitet, auch jetzt sind es noch deutlich über sechzig. Diese Zeit habe ich mit Tätigkeiten verbracht, die ich im Prinzip immer mochte und mag. Aber hätte mir eine Fee ein lebenslanges bedingungsloses Grundeinkommen vom Niveau meiner letzten zehn Arbeitsjahre zugesichert, hätte ich jederzeit mit Arbeiten aufgehört. Das bedeutet nicht, dass ich meine Arbeit hasse; ich liebe sie nur nicht in dem Maße, dass ich nicht ohne sie könnte. Ich finde meine Studenten meistens zum knuddeln; aber ich kann sie nach den drei Semestern, in denen ich es mit ihnen zu tun habe, auch gut wieder ziehen lassen. Desgleichen mit der Praxis: Ich mag es, wenn ich wieder entbehrlich werde. Bei mir gibt es zwei Formen von Arbeit: das mäandernde Nachdenken über verschiedene Themen, die mich gerade interessieren; und die gut geölte Routine, die mal enger, meistens weniger eng mit diesem Vor-mich-hin-Denken verbunden ist. Beides kann durchaus vergnüglich sein. Herumdenken kann man aber auch in pensioniertem Zustand; und damit kein Geld mehr verdienen zu müssen, ist bestimmt eine Erleichterung. Denn leider ist es nicht so, dass man mit den besten Gedanken auch am meisten Geld verdient. Jedenfalls nicht in meinem Metier. Aber in gewisser Weise ist das auch ein Segen, denn es ermöglicht eine gewisse Lockerheit beim Denken.

Manche Pensionierte müssen weiterarbeiten, um finanziell über die Runden zu kommen. Sie aber könnten es sich leisten, bereits heute weniger und nach der Pensionierung gar nicht mehr zu arbeiten. Das heißt, letztlich nehmen Sie den mit Ihrer Arbeit verbundenen Zeitmangel freiwillig in Kauf. Ist der Unterschied zwischen Ihnen und der Chefärztin oder dem Manager, für die eine 80-Stundenwoche sinnstiftend ist, tatsächlich so groß? Werden Sie nicht auch ein Rentner sein, der nicht loslassen kann? Ich selbst möchte nicht bis ins hohe Alter so durchs Leben gehen. Aber vielleicht ist es nach der Pensionierung eben doch einfacher, weiterzumachen wie davor.

Es gibt sicherlich eine gewisse Beharrungstendenz bei dem, was man tut. Das Geld einzusparen, das mir fehlt, wenn ich erheblich weniger arbeite, bedeutet eben auch Aufwand. Ich müsste beispielsweise eine billigere Wohnung suchen; müsste ein detailliertes Budget machen, ich, der ich gewohnt bin, das Geld nach dem Handgelenk-mal-Pi-Prinzip auszugeben, müsste auf Sonderangebote achten. Kurz, man muss dies und jenes tun, was auch nicht das reine Vergnügen ist – und denkt sich dann vielleicht: In der Zeit kann ich auch Arbeit für Geld erledigen.

Menschen, die ein pragmatisches Verhältnis zu ihrer Arbeit hatten, weil sie vielleicht nicht interessant war oder ihnen kein Prestige verlieh, wirken nach der Pensionierung oft entspannter. Obwohl gerade sie finanziell nicht unbedingt auf Rosen gebettet sind, verbringen sie die gewonnene Zeit tatsächlich mit dem, was ihnen davor fehlte: Freizeit.

Ich bin keiner von denen, die unbedingt Freizeit brauchen; ich sehne mich vor allem nach weniger Verpflichtungen. Bei mir sind Arbeits- und sogenannte Freizeit immer ineinander übergegangen. Zeitunglesen zum Beispiel war und ist etwas, was ich ohnehin tue, und es war Teil meiner Arbeitszeit. Wenn ich mir Gedanken über etwas mache, dann mache ich das ganz automatisch – umso besser, wenn das, was ich mir da ausdenke, in meine Arbeit einfließt.

Dann halten Sie nichts von den sogenannten «Freizeit-Rentner*innen»? Sie füllen frühmorgens im Wanderoutfit die Züge, reisen in Gruppen durch die Welt, sind Mitglied im Jass- oder Kulturgrüppchen, verbringen die Hälfte des Jahres in ihrer Eigentumswohnung am Meer, in ihrem Haus in der Toskana oder in ihrem Appartement in Berlin.

Ich habe nichts gegen irgendwelche Rentner, gleich wie sie ihre Zeit verbringen. Aber in Gruppen zu verreisen oder im Ferienhaus den Garten zu bestellen ist nicht meine Sache. Es gefällt sicherlich anderen Menschen und ich wüsste nicht, was dagegen einzuwenden wäre. Für mich ist es ein wundervoller Zustand, nichts zu müssen und nicht dringend gebraucht zu werden.

Viele Menschen haben gerade damit große Mühe: nichts zu müssen, nicht gebraucht zu werden.

Weil das Gebrauchtwerden vielen Menschen ihre Existenz in einem weiten Sinne sichert. Etwas polemisch formuliert: Solange man die Enkel hütet, wird man nicht ins Altersheim gedrängt. In der Soziologie wurde vor etwa zwanzig Jahren der Begriff der «Überflüssigen» geprägt. Gemeint ist damit eine Kategorie von Menschen, die aus der Gesellschaft ausgeschlossen ist, weil man für sie keine ‹Verwendung› findet. Sind diese Überflüssigen auch noch alt, ist deren Hoffnung schwindend gering, diesem Status jemals wieder zu entkommen. Man zählt nur noch als statistische Größe für die Sozialpolitik. Dass man in Großbritannien ein eigenes Ministerium gegen die Einsamkeit gegründet hat, gehört zu dieser Entwicklung. Gebraucht zu werden bedeutet soziale Kontakte und sozialen Wert; und nur für wenige Menschen hat das Nichtgebrauchtwerden eine entlastende Funktion. Ich denke, dass ich zu Letzteren gehöre. Aber möglicherweise auch nur für eine begrenzte Zeit. Mein Altersprogramm lässt sich also keineswegs generalisieren, nicht mal für mich selber.

Das meinte ich mit der übermäßigen Bedeutung der Arbeitswelt: Viele Menschen stehen nach ihrer Pensionierung weiterhin früh auf, und zwar nicht wegen der senilen Bettflucht, sondern aus Pflichtgefühl. Sogar im Altersheim gibt es noch um sieben Frühstück, als gälte es, den Tag so effizient wie möglich zu gestalten.

Es gibt gewiss keinen guten Grund, im Altersheim alle zur gleichen Zeit dasselbe tun zu lassen – die Effizienz ausgenommen. Vielleicht stehen manche Menschen gerne früh auf, so wie es andere gibt, die gut bis zum Mittag im Bett bleiben können. Auch wenn mein Ideal eine gleichmäßig fließende Zeit ohne Feiertage einerseits und Verpflichtungen andererseits ist, heißt das nicht, dass sie nicht einen gewissen Rhythmus hat. Netflix am Morgen zu schauen, würde mir keinen Spaß machen. Morgens lese ich Zeitungen. Das umzudrehen schiene mir seltsam, obwohl es keinen vernünftigen Grund dafür gibt.

Einige leisten nach der Pensionierung unbezahlte Freiwilligenarbeit, etwa in Flüchtlingsheimen oder in der Nachbarschaftshilfe. Fitte Senioren sind heute ein wichtiger Faktor für das Funktionieren des Sozialstaats – so wie früher die Hausfrauen.

Ich finde das alles prima. Solange daraus nicht eine Art moralischer Pflicht wird, bis zum letzten Atemzug seine Nützlichkeit unter Beweis stellen zu müssen.

Möglicherweise ist der Aktionismus vieler Ruheständler auch eine Form des Widerstands gegen das Ende. Zeit zu haben, bringt uns dem Tod näher. Im hohen Alter haben die Menschen viel Zeit, aber kaum mehr Optionen sie zu füllen. Zeit steht nicht mehr für Lebensqualität, sondern für das Warten auf den Tod. Solange wir unsere Agenda füllen, stehen wir im Leben.

Aber gibt es umgekehrt nicht auch die Angst, dass man vor lauter Terminen «sein Leben» verpasst – was auch immer dieses Leben sein mag?

Das widerspricht sich nicht unbedingt. Man klagt über die Last des Terminkalenders, leidet darunter, das Leben zu verpassen, keine Zeit für Freunde, Bücher und sich selbst zu haben. Gleichzeitig fürchtet man sich vor der Zeit, die sich nicht von selber immer wieder füllt.

Ich glaube, das lässt sich nicht verallgemeinern. Manche Menschen haben diesen horror vacui, andere nicht. Mein 88-jähriger Vater hat noch viel zu tun mit seinem Garten, mit Einkäufen, aber wenn er zum Beispiel zu Besuch ist, kann er ganz hervorragend nichts tun. In der Sonne sitzen, aus dem Fenster schauen, was auch immer.

Ob Rentner*innen weiterstressen, ihre Zeit mit Freizeitaktivitäten füllen oder sinnstiftende Freiwilligenarbeit leisten: Ihre Lebensweise wird hierzulande stark davon geprägt, dass viele von ihrer Pensionskasse und AHV gut leben können. Das wird sich vermutlich ändern, wenn unsere Pensionskassen-Ersparnisse nicht mehr viel wert sind und die AHV gekürzt wird. Das Glück im Alter ist auch eine Frage des Geldes.

Nicht zuletzt, weil alle Bequemlichkeiten, die man im Alter in Anspruch nehmen möchte, teuer sind. Wenn man wacklig auf den Beinen ist, kann Busfahren zur großen Strapaze werden. Aber Taxis kosten das Vielfache eines Bustickets. Das ist nur ein ganz kleines Beispiel, aber ein symptomatisches. Alle diese kleinen Dinge summieren sich und laufen auf eines hinaus: Entweder man schränkt sich ein oder man zahlt für die Nichteinschränkung.

Laut Statistik sind heute schon rund ein Fünftel der Pensionierten armutsgefährdet, darunter besonders viele alleinstehende Frauen. Nimmt dieser Anteil weiter zu, wird das einen Einfluss auf unser Verhältnis zum Älterwerden haben, auf das Lebensgefühl der Alten und auf die Zukunftsaussichten der Gesellschaft an sich.

Die Quote des Erwerbseinkommens, die man als Rente sicher hat, sinkt. Mein Vater zum Beispiel hat für deutsche Verhältnisse eine sehr gute Rente. Er zahlt keine Miete, weil er im eigenen geerbten schuldenfreien Reihenhaus wohnt und es geht ihm finanziell besser als zu seinen Erwerbszeiten. Er hat viel gearbeitet für seine Rente, die er jetzt genießen kann. Das ist ein Modell aus fernen Zeiten. Ich werde trotz Pensionskasse, AHV, privater zweiter und dritter Säule deutlich weniger Geld haben als vor der Pensionierung. Dabei habe ich eifrig Altersvorsorge betrieben.

Altersweise oder lächerlich?

Ich war als Kind immer fasziniert von den alten Weisen in Indianergeschichten: Sie sind angesehen, beraten die Stammeshäuptlinge genauso wie die Kinder und wissen zu allem etwas Gescheites zu sagen. Am Ende ihres Lebens kraxeln sie alleine auf einen Berg, um zu sterben. Ich erinnere mich, dass ich schon damals irritiert war über die Diskrepanz zwischen diesen Figuren und den alten Leuten, denen ich begegnete und die mir eher wie aus der Zeit gefallen vorkamen. Sie waren liebenswert oder mürrisch, aber meist keine Quelle der Weisheit.

Man muss das Altern nicht mit einer linearen Weisheitszunahme verbinden. Nehmen wir mal wieder mich als Beispiel? Wenn ich mich mit meinen knapp Mitte sechzig mit jungen Akademikerinnen im Alter von Mitte zwanzig bis Mitte dreißig vergleiche, sind die gewiss cooler, gebildeter und flexibler im Denken, als ich es in ihrem Alter war. Ich wüsste nicht, wie ich sie belehren sollte im Sinne eines Transfers von Altersweisheit. Trotzdem fühle ich mich an der Uni durchaus nicht abgehalfert. Ich habe mit der Zeit einen undogmatischen Überblick über die Themen bekommen, die mich interessieren und die ich lehre. Eine Art von Überblick, der mir wiederum erlaubt, von Jüngeren zu lernen, die mich im Detail korrigieren und ergänzen und mich auf neue Themen bringen. Aber irgendwann wird dieser Zustand wohl vorbei sein.

Aber was passiert, wenn Ihr undogmatischer Überblick keine Plattform mehr hat? Dann verschwinden Sie und ich in der Menge der alten Leute, die an der Migroskasse minutenlang ihr Kleingeld aus dem Portemonnaie klauben. Bei alten Menschen werden nicht Fähigkeiten, sondern vor allem Defizite wahrgenommen. Sie sind diejenigen, die nur mit Mühe ins Tram steigen können, sie sind die Opfer von Trickbetrügern, und sie beherrschen Handy und Computer nicht.

So wird es kommen. Allerdings zahle ich an der Kasse meist mit der Kreditkarte. Wahrscheinlich fallen wir beide auf eine andere Weise heraus als diejenigen, die uns heute als besonders alt auffallen. Nicht nur alte Leute an den Migroskassen nerven, und es gehört zu einer zivilisierten Gesellschaft, dass man sich diese Genervtheit nicht anmerken lässt. Dieser ständige Krieg aller gegen alle ist selber nerviger als alles andere.

Die alte Jeanne Moreau soll gesagt haben: «Alternde Menschen sind wie Museen: Nicht auf die Fassade kommt es an, sondern auf die Schätze im Innern.» Aber was nützen uns diese Schätze, wenn sich niemand für sie interessiert?

Nichts. Man kann sie ja nicht mal mehr zurück in Geld umwandeln. Meine museale Bibliothek, von der ich gesprochen habe, dürfte mich ein paar Hunderttausende gekostet haben. Sie ist wertlos. Ehemals teure Bilder nimmt derjenige, der die Wohnungsauflösung macht, gratis mit und gewährt eventuell dafür einen kleinen Rabatt auf die Transportkosten. Nicht einmal mehr meine inneren Organe sind begehrt.

Die Alten regieren die Welt

Alte Menschen werden belächelt, als Kostentreiber betrachtet und nicht nur auf dem Arbeitsmarkt diskriminiert. Gleichzeitig regieren, wie beispielsweise Autorin Sophie Passmann es formuliert hat, «alte weiße Männer» die Welt. Wie passt es zusammen, dass Donald Trump zu einem der mächtigsten Menschen der Welt gekürt wird, während die meisten seiner Altersgenossen längst weg vom Fenster sind und milde belächelt werden?

Trump wird ja mehr als nur belächelt. Von seinen Anhängern abgesehen wird Trump gehasst. Den Spruch von den «alten weißen Männern» halte ich für etwas konkretistisch überstrapaziert. Er will vor allem darauf hinweisen, dass einem, wenn man zur herrschenden Klasse gehört, die Normen dieser Klasse als ganz natürlich vorkommen. Ihn auf konkrete Individuen anzuwenden ist eine etwas kindische Hausmacher-Soziologie.

Aber politisch, wirtschaftlich und kulturell an der Macht sind tatsächlich und ganz konkret alte weiße Männer.

Wie Angela Merkel, wie ..., äh ..., Angela Merkel und Merkel Angela. Just kidding. Ein «alter weißer Mann» ist vor allem aus der Perspektive der Zwanzigjährigen alt. Die Jungen denken dabei nämlich nicht an die Achtzigjährigen, sondern auch an den möglicherweise sogar durchtrainierten Mittfünfziger. Der «alte weiße Mann» bezeichnet wie gesagt keine reale Personengruppe, sondern eine soziologische Kategorie. Er steht für eine bestimmte Form der Selbstverständlichkeit, die eigene Welt zum Maßstab aller möglichen Welten zu erklären; für die Borniertheit, mit der man sich selber zur Norm erklärt – und gar nicht versteht, was die Schwarzen, die Schwulen, die Marginalisierten eigentlich immer mit ihrer angeblichen Unterdrückung haben – die Welt ist doch schließlich im Großen und Ganzen in Ordnung, und jederzeit kann eine schwarze Frau Präsidentin der USA werden.

Lösen wir uns bitte einmal von der soziologischen Kategorie! Mich interessiert, warum ein Donald Trump so anders wahrgenommen wird als seine Altersgenossen. Schließlich hüpft er auch nicht mehr so leichtfüßig wie seine Enkel die Treppe hoch und kapiert das neuste Betriebssystem vermutlich auch nicht so rasch wie seine dreißigjährigen Untergebenen. Er ist übrigens 74, sein demokratischer Kontrahent Joe Biden 78, Bernie Sanders, der auch im Spiel war, noch ein Jahr älter. Die mächtigen alten Männer sind also keineswegs nur durchtrainierte Mittfünfziger, sondern passen altersmäßig bestens in die Kategorie der einfach nur alten «alten Männer». Würden Donald Trump, Joe Biden oder Bernie Sanders inkognito an einem Seniorennachmittag teilnehmen, würden sie aus der Menge ihrer Altersgenossen nicht herausstechen.

Wobei Bernie Sanders gerade nicht als «alter weißer Mann» gilt, sondern nachgerade ein Idol der linken demokratischen Jugend ist.

Ich gebe auf. Jedenfalls gibt es den Widerspruch, dass wir alte Menschen weniger ernst nehmen, ihnen aber gleichzeitig sehr viel Macht zugestehen. Meiner Ansicht nach müsste man beide Muster durchbrechen. Plakativ formuliert: keine Altersdiskriminierung und Stimmrechtsalter 16 – und dreißigjährige schwarze Präsidentinnen!

Ein niedrigeres Stimmrechtsalter scheint mir inzwischen auch sinnvoll, nachdem ich eine Zeit lang in dieser Hinsicht eher skeptisch war. Um doch noch auf Ihr Anliegen einzugehen: In der Politik ist es tatsächlich so, dass alte Männer immer noch große Macht besitzen. Aber ich glaube, der Trend arbeitet dem entgegen. Auch die Politik wird jünger und weiblicher; ich hoffe, dass sie zugleich altersfreundlicher wird.

Vermutlich lässt sich das eigene Alter leichter ausblenden, wenn man bedeutend ist. Das gilt nicht nur für Trump, sondern auch für Sylvester Stallone oder die Queen, die mit über neunzig zwar als alte Königin wahrgenommen wird, aber nicht als alte Frau.

Der institutionelle Körper der Königin altert eben nicht. Der Körper der Prinzen und Prinzessinnen von Monaco schon.

Man könnte das als Gradmesser für die Bedeutung von Institutionen nehmen.

Fühlen sich die «wichtigen» alten Menschen wohl weniger alt als wir anderen? Oder anders gefragt: Ist man privilegiert, wenn man im Alter noch «jemand» ist? Möglicherweise sind Trump und die Queen für ihre Enkel auch einfach nur alte Leute. Vielleicht werden sie von ihnen ausgelacht, weil sie nicht richtig Fifa spielen können oder nicht wissen, was ein Meme ist.

Keine Ahnung, ob die Enkel der Queen mit ihr Fifa spielen wollen. Aber vielleicht mit dem Jeep nach Balmoral brettern und sich zeigen lassen, wie man einem angeschossenen Rebhuhn waidgerecht den Hals umdreht. Die Queen ist schließlich nicht irgendwer, sondern das Oberhaupt des Commonwealth. Und als solche ist sie heute so alt wie die junge Lilibeth, als sie Königin wurde. Es ist nichts «Persönliches», dass sie noch «jemand» ist.

Das heißt, die institutionelle Rolle der Queen oder die politische eines alten weißen Mannes machen das Altern für diese Leute nicht einfacher?

Ich kann das nur vermuten. Aber die offizielle Position drängt bei der Queen das Persönliche weitgehend in den Hintergrund – was bei ihrer Schwester Margaret nicht der Fall ist. Ich vermute gleich noch dazu, dass ich lieber die Queen als, sagen wir, Gerhard Schröder wäre. Narzissmus, hemmungsloser Ehrgeiz und Opportunismus altern nämlich grundsätzlich schlecht. Sie faulen eher vor sich hin und leiten die Verwesung noch vor dem Tod ein.

Macht das Alter konservativ?
Alte Menschen verlieren gesellschaftlich an Ansehen, aber politisch legen sie an Gewicht zu. Die wachsende Mehrheit der alten Menschen wählt und stimmt besonders fleißig ab und prägt damit eine Zukunft, die sie gar nicht betrifft.

Das wiederum nehmen ihnen die Jungen, die nicht wählen und abstimmen, übel. Ein wahrer Teufelskreis. Als jemand, der meistens auch überstimmt wird, hält sich in diesem Fall mein Mitleid in Grenzen. Außerdem gehört es zu unserer direkten Demokratie, dass man immer auch über Dinge abstimmt, die einen nicht direkt betreffen. Das Minarett-Verbot hätte mir nichtmuslimischem Atheist am Arsch vorbeigehen können; aber ich fand und finde es immer noch eine Schande. Nicht nur die Alten stimmen über etwas ab, das sie vielleicht gar nicht mehr betreffen wird, auch die Jungen stimmen zum Beispiel über AHV-Reformen ab, welche aktuell und direkt nur die Alten betreffen. Diesen Topos der Alten, die den Jungen die Zukunft versauen, halte ich für einen ziemlichen Habakuk. In einer Mehrheitsdemokratie kann die Mehrheit immer in das Leben von Minderheiten eingreifen. Darum ist in einer direkten Demokratie wie unserer der Schutz von Minderheiten besonders wichtig.

Menschen werden aufs Alter hin aber tendenziell konservativer. Gerade unter männlichen Alt-68ern gibt es bekannte Beispiele dafür.

Das ist in der Tat eine unangenehme biographische Entwicklung.

Ich beobachte es auch in meinem Bekanntenkreis. Alternde Menschen, die populistischer werden und gegen Ausländer, die Jugend und alles Mögliche wettern. Manche Bekannte, die in ihrer Jugend revolutionärer und politisch aktiver waren als ich, sind heute besonders bieder oder engstirnig. Interessanterweise beobachte ich es häufiger bei Männern. Es scheint, als ob ihr Horizont sich aufs Alter hin drastisch verengen würde. Aber vielleicht war ihr Blick auf die Welt schon immer enger, als ich meinte. Es kommt mir vor, als würden sie dem bescheuerten Spruch nachleben: «Wer in jungen Jahren nicht links ist, der hat kein Herz. Wer es im Alter noch immer ist, der hat kein Hirn.»

Dann gibt es auch noch den Typus der linksgebliebenen Altersradikalen, die an Engstirnigkeit und Borniertheit ihren reaktionär gewordenen Ex-Genossen in nichts nachstehen.

Sollten wir mit dem Alter nicht gelassener werden und mit offenerem Blick auf die Welt schauen?

Schön wärs. Aber aus verbohrten Jungen werden nun mal in der Regel keine entspannten Alten. Es ist ja nicht so, dass alle Menschen weise und gelassen auf die Welt kommen und erst im Alter zu reaktionären Positionen konvertieren. Der Nationalsozialismus war nicht zuletzt auch eine Jugendbewegung. Bei den letzten Landtagswahlen in Brandenburg haben zum Beispiel gerade viele Junge die AfD gewählt. Und die Neonaziszene ist ausgesprochen jung. Das zeigt mindestens, dass es schwierig ist, das Links-Rechts-Schema auf der Achse von jung und alt abzubilden.

Wohnen im Alter(sheim)

Praktisch niemand möchte seinen Lebensabend im Altersheim verbringen. Aber alle wissen: Je älter wir werden, umso wahrscheinlicher wird dieses Szenario. Besonders Frauen droht es. Sie bleiben oft allein zurück, nachdem sie ihre Partner zu Hause gepflegt und beim Sterben begleitet haben. Laut den Befragungen des ‹Age Reports› der Schweizer «Age Stiftung» kann die Haltung der meisten älteren Leute gegenüber dem Altersheim mit einem «schicksalshaften Akzeptieren» beschrieben werden. Es ist die letzte Wahl, von der man lange hofft, dass sie einem erspart bleibt. Man sagt in der Regel auch nicht «ich gehe» oder «sie geht ins Altersheim», sondern «ich komme» oder «er kommt ins Altersheim». Eine Formulierung wie sie sonst für Aufenthalte im Gefängnis oder Kinderheim gebräuchlich ist.

Kinderheime sind kein Ort mehr, wo man Kinder verwahrt und quält und wo traurige kleine Wesen nur darauf warten, wegadoptiert zu werden. Trotzdem dürfte ein Heim unseren Kindern kaum jemals als valable Alternative zum Familienleben erschienen sein. Vielleicht sind Altersheime nicht ganz das, was Erwin Goffman als «totale Institution» beschreibt, aber sie sind eben doch «totaler» und «institutioneller» als die eigene Wohnung. Der Platz im Heim wird einem zugeteilt; es gibt meist gemeinsame Mahlzeiten; das Freizeitangebot ist auf die Gemeinschaft der Insassen ausgerichtet. Natürlich muss man sich nicht an die oft nur informellen Regeln halten wie ein Gefängnisinsasse an die Gefängnisordnung. Aber anders als in der eigenen Wohnung muss man sich für seine Marotten rechtfertigen, und man muss mehr Gemeinschaft ertragen als man vielleicht möchte.

Insider kritisieren, dass unsere Haltung gegenüber Altersheimen auf tief verankerten negativen Stereotypen basiere. Das seien lauter Klischees und Vorurteile, in die wir uns kollektiv hineinsteigerten. Viele Menschen würden sich nach einer

Weile gut einleben und ihre Meinung revidieren: Sie fänden es gar nicht so schlimm wie erwartet.

Man kann sich an vieles gewöhnen und mit der Zeit Vorteile wahrnehmen, wo man zuvor nur die Nachteile gesehen hat. Es geht ja nicht darum, den Betreibern von Altersheimen pauschal eine schlechte Arbeit vorzuwerfen. Nur weil eine Institution gut geführt ist, möchte man nicht unbedingt in einer wohnen. Was ist daran so schlimm, wenn man eigentlich nicht in ein Altersheim möchte, bloß weil es irgendwann einmal eine Notwendigkeit sein könnte?

Ich habe meine Großmutter, meine Schwiegermutter und eine Tante im Altersheim erlebt. Sie haben sich tatsächlich nach einer gewissen Zeit eingelebt. Aber das war keine Bejahung dieser Lebensform, sondern eher eine Kapitulation. Sie sind jedenfalls sicher nicht aufgeblüht im Altersheim, mich erschreckte vielmehr, dass sich ihr Zustand dort körperlich wie mental markant schneller zu verschlechtern schien. Das ist auch kein Wunder: In einem Umfeld, in dem ausschließlich Menschen leben, denen es oft noch schlechter geht als einem selbst oder die im Nirvana der Demenz vor sich hindämmern, wird man kaum neue Lebenskräfte schöpfen, sondern stellt sich auf inneren Rückzug ein. Es gibt zwar gut gemeinte Ansätze, zum Beispiel kombiniert man seit einiger Zeit Altersheime baulich gerne mit Kindergärten. Aber das ändert nichts daran, dass Altersheime Endstationen sind für alte Menschen, die sonst nirgends mehr unterkommen.

Es ändert nichts daran, dass das Leben im Altersheim eine Einschränkung gegenüber einem Leben außerhalb von Institutionen bedeutet. Wenn man genug Geld hätte für eigenes Pflege- und Putzpersonal, könnte man sich einen anderen Le-

bensmodus leisten. Mein Ideal wäre zum Beispiel eine große Wohnung in der Großstadt.

Das ist dann zwar keine Institution, aber Sie müssten sich dennoch Ihrem Pflegepersonal und dessen Arbeitsrhythmus unterordnen. Sie wären ebenso abhängig von fremden Menschen wie im Altersheim. Sie wären in Ihrer Wohnung nicht den ganzen Tag unter Menschen, die ebenso alt und gebrechlich sind wie Sie, aber um Sie herum würde es vermutlich auch nicht von Leben strotzen.

Es geht nicht darum, die mit dem Alter wachsende Abhängigkeit zu leugnen. Aber es gibt doch große graduelle Unterschiede zwischen einer Abhängigkeit von einzelnen anderen Menschen – in welchem Lebensabschnitt ist man nicht auf diese Weise abhängig? – und der Abhängigkeit, in die man gerät, wenn eine Institution über einen bestimmt: Die Institution kann nicht funktionieren, wenn man sich ihr nicht unterordnet; aber das Individuum braucht und möchte viele dieser strukturellen Zwänge nicht.

Mein Vater hat mir, einige Jahre bevor er starb, eines Morgens von einem Traum erzählt: Er sei tot gewesen in diesem Traum, aber gleichzeitig habe er in der Ferne Stimmen und Lachen von Kindern und Erwachsenen gehört, ein lebendiges Gewusel von Menschen, die ihm nahestanden. Das sei ein schönes Gefühl gewesen. Ein solches Setting wäre wohl auch erstrebenswert, wenn man alt und pflegebedürftig ist: Man befindet sich mitten im Leben, auch wenn man nicht mehr daran teilnimmt.

Gewiss wäre es schöner, wenn es ‹durchmischtere› Formen des Lebens im Alter gäbe. Aber Projekte solcher Lebensfor-

men haben, so scheint es mir, bis jetzt immer etwas Gezwungenes an sich. Ich wünsche mir zum Beispiel Durchmischung plus eine gewisse soziale Anonymität.

Eine entfernte Tante von mir beschloss mit siebzig ins Altersheim zu gehen. Sie war noch topfit, reiste herum, besuchte Freunde und war in der Kulturszene aktiv. Sie zog in dem Moment ins Altersheim, als man ihr dort ein schönes Eckzimmer anbot. Sie nutzte es etliche Jahre wie ein Hotelappartement und lebte ihr Leben sonst weiter wie bisher. Diese Verwandte ist die einzige Person, die ich im Altersheim zufrieden erlebt habe. Mit der Zeit wurde sie gebrechlicher, ihr Radius verkleinerte sich und irgendwann konnte sie ihr Zimmer nicht mehr selbstständig verlassen. Aber zu diesem Zeitpunkt war das Altersheim längst ihr Zuhause. Sollten wir vielleicht einfach viel früher ins Altersheim?

Mit vierzig. Dann ist die Umstellung nicht so groß, und wenn man Kinder hat, können die sich auch schon dran gewöhnen.

Im Ernst: Diese Tante hat es doch gar nicht so schlecht gemacht. Vermutlich aus der Not heraus, weil sie zeitlebens alleine war und wusste, dass keine Kinder oder nahen Verwandten sich um sie kümmern würden. Aber sich mit dem eigenen Älterwerden und den damit verbundenen Konsequenzen auseinanderzusetzen ist doch besser, als zu warten, bis andere für einen entscheiden müssen – und denen dafür dann vielleicht noch Vorwürfe zu machen.

Aber was ist denn eigentlich so schlimm daran, wenn Leute nicht davon begeistert sind, ins Altersheim zu gehen? Ich möchte auch nicht auf die onkologische Abteilung eines Spitals, aber wenn ich müsste, ginge ich. Hinkt das Beispiel sehr?

Die fehlende Begeisterung wird oft als Altersheim-Bashing missverstanden. Dabei ist klar, dass in Altersheimen und allgemein in der Gerontologie kompetente Menschen arbeiten: Pflegende, die sowohl professionell als auch menschlich sind. Ich habe großen Respekt vor dieser anspruchsvollen Arbeit. Es hat sich auch viel getan im Bereich der Führung und Gestaltung von Altersheimen und Individualisierung ist ein großes Thema. Ein Beispiel dafür sind die Abteilungen für Menschen aus dem Mittelmeerraum mit mediterraner Küche. Man hat festgestellt, dass sich Betroffene in auf sie zugeschnittenen Umgebungen signifikant wohler fühlen. Ein anderes Beispiel: Kürzlich erzählte uns eine Pflegefachfrau von einem starken Raucher, der bettlägerig war, aber unbedingt weiterrauchen wollte. Also schob man ihn im Bett mit einer Feuerdecke auf den Balkon und gab ihm seine Zigaretten.

Das ist sehr nett. Zur Zeit rauchen meine Frau und ich beim Serienschauen in unserer Wohnung. Wenn wir im Spätsommer in einer Ferienwohnung in New York sind, sind wir auch gezwungen, auf der Terrasse zu rauchen und zu arbeiten. Bei der, die wir jetzt gefunden haben, geht das auch bei Regen. Was machen wir im Altersheim ohne Terrasse im Winter und bei Regen? Die Sorgen möchte ich haben, höre ich nun viele sagen, und ich kann darauf nur antworten: Das ganze Leben besteht aus solchen kleinen Sorgen, auf Grund derer man sich seinen Alltag einrichtet.

Das Leben besteht aus Gewohnheiten, Marotten, kleinen Freuden und Besonderheiten, die unsere Zufriedenheit ausmachen. Vieles oder sogar das meiste davon zu verlieren geht ans Eingemachte. So zu tun, als wäre alles gar nicht so schlimm, als könnten wir beim Rauchen im Spitalbett mit Feuerdecke genauso glücklich werden wie beim Fernsehen auf dem Sofa, ist Augenwischerei. Wir können aber kaum oder gar nicht verhindern, dass es soweit kommt. Es sei denn, wir bringen uns vorher um. Also müssen wir nichts schönreden, aber vielleicht akzeptieren, dass es nicht anders geht.

Die Tatsache, dass das Alter naturgemäß etliche Einschränkungen mit sich bringt, sollte kein Grund sein, nicht dafür zu sorgen, dass es möglichst wenige Einschränkungen sind. Wenn man im Rollstuhl sitzt, möchte man ja auch, dass es möglichst wenig Barrieren für einen gibt. Man möchte nicht hören, es sei eine kindische Anspruchshaltung, Barrierefreiheit zu fordern. Ich höre bei solchen Debatten um die Einschränkungen, die das Altern mit sich bringt, immer den Unterton: Nun finden Sie sich damit doch endlich ab!

Es gibt viele Bemühungen, solche Einschränkungen zu minimieren. An Architekturwettbewerben werden bauliche Konzepte für Altersheime entwickelt, die die pflegerischen Anforderungen berücksichtigen und gleichzeitig die damit verbundene Spitalatmosphäre vermeiden. Es gibt Bauprojekte, bei denen die Gänge geschwungen statt gerade gestaltet sind und sich an manchen Stellen zu Treffpunkten verbreitern. Die Zimmer werden größer und wohnlicher, die Türen eher wie Haustüren gestaltet und die Bäder wirken dank guter Farb- und Beleuchtungskonzepte weniger klinisch.

Das ist alles sehr lobenswert. Die bei Altersheimen übliche 80er-Jahre-Kirchgemeindezentrums-Architektur inklusive entsprechender Möblierung ist meistens sehr deprimierend.

Trotz aller Bemühungen werden Altersheime wohl nie Orte der Vorfreude sein. Dies zu akzeptieren ist schwierig, besonders für diejenigen, die solche Institutionen mit großem Einsatz am Laufen halten. Dass es nicht lustig ist, sein Lebensende im Altersheim zu verbringen, spricht nicht gegen das Altersheim an sich, sondern vor allem gegen die Zumutungen des Alters.

Man fällt in gewisser Weise wieder in einen Kinderstatus zurück. Man hat «sein Zimmer» wie man früher sein Kinderzimmer hatte. Mich macht die Vorstellung dieser räumlichen Beschränkung klaustrophobisch. Da höre ich natürlich die Kritik: Aha, dem feinen Herr ist gerade mal eine Achtzimmerwohnung mit Aussicht auf den Central Park gut genug. Nein, nicht gerade gut genug, aber doch eben schön – für mich. Für meinen Vater wäre sie eine Horrorvorstellung. Wer soll so eine Wohnung sauber halten? Ich hingegen würde in einer solchen Wohnung sogar freiwillig verstauben, wenn man mich nur ließe.

Heißt das, Ihr Vater wäre im Altersheim zufriedener als Sie? Vielleicht ist unsere Abneigung gegen Altersheime tatsächlich ein Luxusproblem?

Nein. Mein Vater hatte einen Bruder, der seine letzte, kurze Zeit im Altersheim verbracht hat. Meinem Onkel hat es dort nicht gefallen, und meinen Vater hat das Altersheim zutiefst deprimiert.

Selbstbestimmung versus Bevormundung

Vor Bevormundung fürchten wir uns im Alter besonders. Nehmen wir nochmals das Beispiel der Altersheime. So sehr sie sich um Individualisierung bemühen mögen – sie bleiben

Institutionen mit Abläufen, Regeln und einer eingeschränkten Privatsphäre. Hier lebt man nicht mit den Leuten zusammen, die man ausgewählt hat, sondern mit Fremden, die man sonst vielleicht sogar meiden würde. Es ist, als müsste man aufs Lebensende hin noch ins Kinderheim. Anstatt allerdings dort wie in letzterem Jahr für Jahr mehr Selbstbestimmung zu erlangen, verliert man diese Schritt für Schritt und unwiederbringlich.

Leider ist es nicht so, dass jede Bevormundung schlecht ist. Manchen alten Raucher muss man behandeln wie einen zündelnden Dreijährigen, weil er sonst die Wohnung anzündet. Aber wann ist der Zeitpunkt für die Bevormundung gekommen und welche Risiken muss man in Kauf nehmen? Kurz: Wann beginnt die berechtigte Bevormundung? Über diesen Zeitpunkt sind sich Vormunde und Bevormundete selten einig.

Vielleicht sollten wir uns fragen, wo die Grenze zwischen Bevormundung und Unterstützung liegt. Manche Menschen, zum Beispiel solche mit einer Behinderung, sind ihr Leben lang abhängig und müssen ein bestimmtes Maß an Fremdbestimmung in Kauf nehmen. Das schränkt sie im Alltag zwar ein, macht sie deswegen aber noch nicht zu Bevormundeten. Möglicherweise fokussiert unsere Vorstellung von Selbstbestimmung zu einseitig aufs Beherrschen von Alltagsfertigkeiten, obwohl dieses Kriterium relativ ist: Wir können längst nicht alles selber, lassen unser Auto in der Garage flicken, brauchen einen Elektriker, wenn der Strom ausfällt, und gehen für den Haarschnitt zum Coiffeur.

Wieviel wir an Alltagsfertigkeiten verlieren, ist individuell sehr verschieden. Ich habe einmal für meinen Sohn ein

Wandregal montiert und war sehr stolz darauf. Ansonsten wechsle ich vielleicht mal eine Glühbirne. Mein Vater war Elektriker, pflegte seinen großen Garten immer selber und konnte Platten legen und anstreichen und den Hof pflastern. Jetzt muss er sich manchmal Hilfe für den Garten organisieren. Er trägt das mit Fassung, aber erwähnt dann doch immer, dass es wegen der Knie nicht mehr so geht wie früher.

Meine Großmutter fand es auch schlimm, als ihr der Garten zu viel wurde. Dabei hatte sie sich davor oft über die damit verbundene Arbeit beklagt. Offensichtlich empfindet man es nicht als Gewinn, Alltagspflichten dadurch loszuwerden, dass man sie nicht mehr selber erledigen kann.

So klar ist das nicht. Jedenfalls nicht im Falle meines Vaters. Als sparsamer Mensch empfindet er es einerseits nicht als Gewinn, da er nunmehr für Arbeiten zahlen muss, die er früher selber gemacht hat. Aber er freut sich andererseits auch darüber, dass er Arbeiten wie Anstreichen oder Tapezieren nicht mehr selber erledigen muss, weil er sich Handwerker leisten kann. Er empfindet sowohl Erleichterung als auch Freude darüber, wie schnell und ordentlich diese Arbeiten von Profis erledigt werden.

Bisweilen halten alte Menschen an Dingen fest, die sie nicht mehr können. Das Autofahren ist ein typisches Beispiel: Ältere Leute sehen oft nicht ein, dass sie es aufgeben sollten, weil sie zum Beispiel sehr verlangsamt agieren und eine schlechte Reaktionsfähigkeit haben. Auf Selbständigkeit zu beharren kann erst recht dazu führen, dass man nicht mehr ernst genommen wird. Man wird wieder zum Kind, das Dinge unbedingt «selber!» machen will.

Das hängt vielleicht auch mit der Bedeutung zusammen, die einzelne Tätigkeiten wie das Autofahren für einen haben. Für diejenige, für die das Auto die Freiheit darstellte, jederzeit irgendwohin fahren zu können, ist es sicher viel schwieriger als für jenen, der sein Auto eher als Belastung empfunden hat, weil man immer einen Parkplatz für das Ding suchen musste, und der sich mit der Zeit bewusst wurde, dass der öffentliche Verkehr in der Stadt einfach viel praktischer ist. Wenn man dann aber feststellt, dass die Stufen nicht in allen Trams so beschaffen sind, dass man sie als alter Mensch einfach erklimmen kann, dann packt einen vielleicht wieder die Sehnsucht nach dem Auto.

Wenn es mich überfordert, meinen Garten alleine zu pflegen, kann ich das einsehen und als unvermeidbaren Verlust akzeptieren. Oder ich sehe es nicht ein und empfinde es als Bevormundung, wenn jemand mich darauf aufmerksam macht. Wahrscheinlich liegt der Schlüssel zur Selbstbestimmung im Alter darin, dass wir erkennen, wenn wir etwas nicht mehr können, und dass wir lernen, Hilfe anzunehmen, bevor diese uns aufgezwungen werden muss.

*Es gibt noch eine Strategie, die vielleicht bei eingefleischten Autofahrer*innen nicht gut funktioniert, aber ansonsten ganz nützlich sein kann. Der Gedanke: «Jetzt muss ich nicht mehr.» Das Bekochen von Leuten ist mir immer leicht gefallen und ich mache es durchaus gern. Ich koche auch für mich, wenn ich allein bin. Aber das Kochen ist kein Hobby. In den letzten Ferien habe ich meiner Frau exakt einmal in vier Wochen ein Omelette gebraten, weil sie genau darauf Appetit hatte. Sonst habe ich den Herd nicht benutzt. In der fremden Küche einer Ferienwohnung zu kochen, mir in unbekannten Supermärkten die Zutaten zusammenzusuchen – dazu habe* *ich absolut keine Lust. Ich glaube, so kann es einem mit vielen Dingen gehen, die man immer gemacht hat und nicht einmal ungern. Dass man sie nicht mehr kann, ist dann keineswegs so katastrophal. Das Nicht-mehr-Können und Nicht-mehr-Mögen gehen manchmal segensreich Hand in Hand. Wenn ich muss, schaffe ich auch heute noch ungeheuer viel an einem Tag; aber es fällt mir schwerer, und ich merke, dass ich im Doppelsinn des Wortes nicht mehr mag.*

Man könnte die Verluste auch als Chance packen, um neue Dinge auszuprobieren: Anstatt mich mit Alltagspflichten abrackern zu müssen, habe ich Zeit zum Lesen, um ins Kino zu gehen oder ins Thermalbad. Ich stelle es mir wunderbar vor, manches nicht mehr zu müssen, zum Beispiel nie mehr die Küche aufzuräumen oder Wäsche zu waschen. Darum wundert es mich auch, dass ausgerechnet die Beteiligung an der Hausarbeit als großer Vorteil von Pflegewohngruppen gegenüber Altersheimen angepriesen wird: Die alten Menschen dürften ihren Fähigkeiten entsprechend mithelfen, zum Beispiel beim Rüeblirüsten. Mein 13-jähriger Sohn würde das ganz sicher nicht als Pluspunkt bewerten, und ich kann mir auch nicht vorstellen, dass ich im Alter glücklicher sein werde, wenn ich beim Rüsten helfen darf.

Sie vergleichen aber auch Karotten mit Avocados. Wir gehören ganz einfach nicht zu einer Generation, die man mit Beihilfe zum Küchendienst begeistern könnte. Sowenig wie Ihren 13-jährigen Sohn. Wir sind schon zu sehr Teil einer Dienstleistungsgesellschaft geworden, welche die heute 85-Jährigen noch nicht so genossen haben wie wir. Und die Beglückung mit Gemüserüsten scheint mir doch vor allem ein Artefakt zu sein, das durch die Versorgung in einer Instituti-

on entsteht. Auch in Gefängnissen ist der Küchendienst beliebt.

Es ist kein Versagen, wenn ich mit achtzig nicht mehr alleine zwanzig Gäste bekochen kann oder das Autofahren aufgebe, weil ich mich und andere damit gefährde. Epileptiker fahren auch nicht Auto. Dennoch fällt es vielen schwer, solche Verluste nicht als Scheitern zu empfinden, sondern als Lauf der Dinge zu akzeptieren. Das Nicht-mehr-Müssen ist ein Nicht-mehr-Können und an ein Nie-wieder gekoppelt. Die Entlastung und der damit verbundene Unterstützungsbedarf schmecken nach Tod. Außerdem ist der Grat zwischen Unterstützung und Bevormundung schmal. Das manifestiert sich allein schon darin, dass mit alten Leuten oft in einem ähnlichen Tonfall gesprochen wird wie mit Kindern.

Letzteres ist das Schlimme. Wenn ich koche, muss ich ab und zu auch Karotten schälen. Aber ich fühle mich dabei weder wie ein großer Junge, dem der Papi den Sparschäler anvertraut hat, noch als Mensch, der immerhin doch noch zu etwas nutze ist – ich fühle mich gar nicht. Ich schäle das Rüebli völlig unsymbolisch und ohne darüber nachzudenken. Wenn ich das lieber alleine mache, dann nicht deshalb, weil ich mich dadurch besonders selbständig fühle, sondern weil es für mich mehr Arbeit bedeutete, wenn ich mir überlegen müsste, welche Anweisungen ich irgendwelchen Helfern gebe. Ich freue mich natürlich, wenn es der Familie oder Gästen schmeckt – aber ich möchte dafür nicht wie ein Kind gelobt werden, das am Muttertag seine erste Dosensuppe zubereitet hat.

Wenn wir hilfs- oder pflegebedürftig werden, belastet das nicht nur uns selbst, sondern auch unsere Umgebung. Manche pflegen ihre Angehörigen über Jahre oder sogar Jahrzehnte und verzichten dafür auf vieles. Oft sind sie eines Tages derart überfordert, dass der oder die Pflegebedürftige dann doch ins Altersheim muss. Ist diese Aufopferung sinnvoll? Fachleute behaupten, es sei oft eine Entlastung, wenn pflegebedürftige Angehörige in ein Heim kommen; auch für die Betroffenen selbst, weil die Beziehung zu den Angehörigen, die sie bisher pflegen mussten, dann nicht mehr so angespannt sei.

Das kann ich mir gut vorstellen: dass es einen Punkt gibt, wo die Entlastung, die ein Heim bietet, für alle Beteiligten die damit einhergehenden Einschränkungen überwiegt.

Die Frage ist nur, wann dieser Punkt erreicht ist. Oft kommen Pflegebedürftige notfallmäßig ins Heim, weil ihre Angehörigen schlicht nicht mehr können. Sollten wir nicht dafür sorgen, dass wir unseren Partnern oder Kindern nicht dermaßen zur Last fallen?

Wahrscheinlich sollte man nicht davon ausgehen, dass es einen solchen Punkt gibt, den man dann punktgenau treffen kann. Realistischer ist es, sich darauf einzustellen, dass man solche Auseinandersetzungen führen muss, und dass die Entscheidung für ein Pflegeheim das Produkt solcher – hoffentlich nicht destruktiver – Auseinandersetzungen ist und nicht ein heroischer und altruistischer Entscheid – von keiner Seite.

Besonders schwierig und traurig stelle ich es mir vor, wenn Paare ‹ungleichmäßig› altern. Dann stehen beide an einem völlig anderen Punkt im Leben und sind gleichzeitig enger miteinander verbunden denn je, nur dass diese Verbundenheit von Abhängigkeit und Pflicht geprägt ist.

Ich stelle es mir auch schwierig vor, wenn die Pflegebedürftigkeit eines Partners über das hinausgeht, was ein Partner ohnehin an Rücksichtnahme und Hilfsbereitschaft erwarten kann. Wenn man also nicht mehr einfach nur der freundliche Butler des anderen ist, sondern zum Krankenpfleger wird, ohne die Aussicht, diese Stellung jemals wieder aufgeben zu können.

Viele Leute sagen, dass sie sich nicht vorstellen können, ihrem Partner oder ihrer Partnerin den Hintern zu putzen oder ihn sich von ihm oder ihr putzen zu lassen. Diese Aussage finde ich ebenso müßig wie jene, dass man sich nicht vorstellen kann, ein behindertes Kind zu haben. Ich kann es mir zwar auch nicht vorstellen, aber wenn es so kommen sollte, ist es eben so. Das Hinternputzen oder -‹geputztbekommen› ist in einer solchen Situation wohl auch nicht das größte Problem.

Ich glaube, das Problem besteht darin, dass man sich das alles leider sehr wohl vorstellen kann, aber auf diese Vorstellung reagiert wie der Schreiber Bartleby aus Melvilles gleichnamiger Novelle. Nämlich mit einem «I would prefer not to».

Daheim bleiben – koste es, was es wolle

Ein Argument fürs Altersheim lautet, es könne alten Menschen Halt geben und sei ein besseres «Daheim» als das eigene einsame und verwahrloste Zuhause.

Verwahrlosung ist Ansichtssache. Auch Wohnungen von Familien mit kleinen Kindern sind in gewissem Sinne verwahr-

lost und sprechen allen Schöner-Wohnen-Vorstellungen Hohn. Man darf sich auch nicht von den RTL-Berichten über die Neunzigjährige in der Messie-Einzimmerwohnung horrifizieren lassen. Es gibt ja auch noch das positiv besetzte Klischeebild der alten Gelehrten in ihren mit Manuskripten und Bücherstapeln übersäten Wohnräumen. Im einen Fall ruft man die Aufräumer von RTL, im anderen gibt das die perfekte Bühne ab für eine Homestory unter dem Titel «Was macht eigentlich Jürgen Habermas …?» Ich muss wohl nochmals auf einem meiner Lieblingsthemen herumreiten: Wer im Alter auf 24 Quadratmetern inklusive Küche und Bad leben muss, wirkt schneller verwahrlost als die alte Gräfin in einem 150-Quadratmeter-Appartement. Da ist für viele Zeitungsstapel Platz, bevor es schlimm aussieht.

Meine Eltern hatten einen Nachbarn, der partout auch im hohen Alter allein in seinem großen alten Haus mit steiler Treppe bleiben wollte, die er kaum mehr zu bewältigen vermochte. Hätte er nahe Angehörige gehabt, wäre er sicher im Altersheim gelandet. Zuzusehen, wie sein Haushalt und er Jahr für Jahr verwahrloster wirkten, war tatsächlich nicht einfach; nicht wegen der Unordnung, sondern weil es von außen so traurig wirkte. Eines Morgens fand ihn sein Neffe, der ab und zu die Einkäufe für ihn erledigte, leblos am Boden; er war schon seit ein paar Tagen tot. Vielleicht hätte dieser einsame alte Mann seine letzten Jahre zufriedener im Altersheim verbracht. Vielleicht möchten wird das auch nur glauben, weil wir Verwahrlosung nicht ertragen und sie uns ein schlechtes Gewissen macht. Tatsache ist, dass er es so wollte.

Möglicherweise, ja sogar wahrscheinlich war seine Verwahrlosung zu Hause für ihn die bessere Lösung, vermutlich aber nicht die beste. Eine Haushaltshilfe hätte die Verwahrlosung in eine erträgliche Form gewöhnlicher Unordnung verwandeln können.

Eine andere Nachbarin hatte eine solche Betreuung zu Hause. Sie wurde dement und schließlich bettlägerig; ihre Nichte stellte im Laufe der Jahre verschiedene Pflegepersonen ein, die im Haus mit der alten Dame untergebracht waren. Es wurde gemunkelt, dass manche der Betreuerinnen, einmal war es auch ein Betreuer, sehr unzimperlich mit der alten Frau umsprangen. Jedenfalls wusste niemand so genau, was sich hinter den Mauern des Einfamilienhauses abspielte.

Wir kommen mit solchen Geschichten in eine erkenntnistheoretische Klemme: Nämlich diejenige, dass wir nur wenig aus diesen Anekdoten ziehen können, weil sie keine allgemeingültigen Aussagen erlauben, gleichzeitig aber dieses Anekdotische, das wir erleben, lesen und hören, nicht einfach ignorieren können. Man kann ähnlich geartete Horrorgeschichten für jeden Bereich unseres Lebens finden: Sie werden über Kinderkrippen, Krankenhäuser, Altersheime, die Spitex und alle möglichen Institutionen erzählt. Die Übertreibungen werden vermutlich durch die Dunkelziffer unentdeckter Fälle statistisch wettgemacht. Man liegt einerseits nicht falsch, wenn man von Einzelfällen spricht. Und kann auch nicht leugnen, dass manche Missstände durchaus System haben: das Abrechnungswesen der Krankenkassen, der Personalmangel in der Altenpflege. Die Kunst ist es, nicht in immerwährenden Aktionismus zu verfallen, aber doch einen Sinn dafür zu bewahren, wie Strukturen verändert werden können, damit sich weniger schlimme Einzelfälle ereignen.

Ich wollte das Beispiel nicht als Horrorgeschichte erzählen und bin auch nicht sicher, ob es eine war. Was ich sagen wollte: Allein zurückzubleiben im großen Eigenheim und dort von fremden Personen betreut zu werden kann auch trist sein und in manchen Fällen vielleicht trister als zum Beispiel ein innovatives Altersheim.

Alles Mögliche kann trist sein. Die Individualität der Menschen geht im Alter so wenig gegen Null wie sie in der Kindheit jemals bei Null gelegen ist. Manche Kinder fühlen sich in der Krippe außerordentlich wohl, andere wären lieber daheim mit den Eltern. Aber die Eltern haben eben auch ihre Interessen, und vor allem müssen sie Geld verdienen. Für das Alter gilt Analoges, nur dass man dann schon die Freuden (und die Last) der Selbstbestimmung genossen hat. Man geht nicht ins Altersheim mit dem Trost, dass die Eltern einem mit dem Geld, das sie in ihrer Abwesenheit verdienen, eine Playmobilburg kaufen.

Im Dorf, in dem ich aufgewachsen bin, gibt es praktisch nur Einfamilienhäuser. In den letzten zwanzig Jahren ist dort eine Generation gestorben, von der die meisten bis zu ihrem Tod in ihren Eigenheimen bleiben konnten. Aber das Zuhausebleiben war zum Teil mit einer langen Leidenszeit verbunden, bei manchen auch mit großer Einsamkeit, weil sie viele Jahre lange alleine zurückblieben. Der Radius dieser alten Leute wurde zudem verhältnismäßig früher enger, weil sie ihre Häuser, die am Hang liegen und mit öffentlichen Verkehrsmitteln kaum erreichbar sind, nicht mehr verlassen konnten. Auch ihr schönes mehrstöckiges Zuhause mit Treppen und Badewannen konnten sie bald nur noch sehr beschränkt nutzen. Ihre Wohnsituation verschärfte ihre Hilfsbedürftigkeit und verringerte ihre Mobilität früher als nötig. Das geliebte Zuhause kann sich im Alter in einen goldenen Käfig verwandeln.

Das Blattgold des goldenen Käfigs bröckelt außerdem schnell. Die steigende Lebenserwartung der Menschen wird hoffentlich den Druck erhöhen, beim Bauen neben den Umweltaspekten auch die Altersaspekte stärker zu berücksichtigen, das heißt dafür zu sorgen, das Altersheim als Kita-ähnliche Endlagerungsanstalt mit dem Pflegeheim als letzter Stufe zu vermeiden.

Leute in unserem Alter schütteln oft den Kopf über ihre Elterngeneration, die sich nicht um ihre Wohnsituation kümmert und darauf hofft, dass alles immer so bleibt wie es ist. Man schwört sich, dass man selbst dann frühzeitig aus dem Einfamilienhaus oder der Altbauwohnung im vierten Stock ohne Lift umziehen werde in eine besser geeignete Umgebung, wo man möglichst lange mobil bleibt, eine gute Infrastruktur hat und ein kulturelles Angebot vor Ort. Aber je älter die Leute werden, umso weniger sind sie gewillt, solche Vorsätze tatsächlich umzusetzen. Die Generation meiner Eltern hat nämlich auch schon den Kopf geschüttelt über diejenige ihrer Eltern.

An dieser Stelle muss ich leider wieder einmal den Platz-Fetischisten heraushängen. Die Einfamilienhäuser sind für alte Menschen nicht deshalb ungeeignet, weil sie zu groß sind, sondern weil sie Treppen haben, keine leicht begehbaren Duschen, keine geeigneten Küchen und so weiter. Vielleicht ist das nur meine Macke, aber was mich betrifft, würde ich, solange es irgendwie geht, dem Platz den Vorrang vor der Bequemlichkeit geben. Das Kopfschütteln über die Eltern kommt mir manchmal so vor wie das Kopfschütteln der IT-Sicherheitsbeauftragten, die es für leichtsinnig halten, dass man keine zwanzig verschiedenen Passwörter mit vielen Sonderzeichen benutzt, die man sich natürlich mit Hilfe einfa-

cher Eselsbrücken merken soll, ohne sie aufgeschrieben zu haben. Man muss sich auch Gedanken darüber machen, wie attraktiv eine Alterswohnung im Vergleich zur früheren Wohnung ist. Liegt sie da, wo man wohnen möchte, oder am anderen Ende der Stadt? Ist sie kleiner oder gleich groß? Manche Leute haben nichts gegen eine kleinere Wohnung; für andere ist die Vorstellung, dass all das, was momentan in ihrer Wohnung herumsteht, im Zuge eines Umzugs zu Gerümpel wird, schier unerträglich. Der Umzug von älteren Menschen wird oft nach dem Motto betrieben: «Beggars can't be choosers».

Genau deshalb das Kopfschütteln: Die Jüngeren sehen es kommen, dass ihre Eltern zu Bettlern werden und keine Wahl mehr haben. Nur die Eltern wollen es nicht wahrhaben.

Aus der Sicht der Kinder werden dann die Eltern zu verwöhnten Goofen, während den Eltern die Kinder undankbar erscheinen.

Der bereits erwähnte «Age Report» übers Wohnen im Alter dokumentiert, dass Menschen, je älter sie werden, desto weniger bereit sind umzuziehen. Eine altersgerechte Wohnung mit ebenerdigen Duschen und anderem und eine Umgebung mit Geschäften, ÖV und Serviceangeboten würden zwar als «nice to have» bewertet, hätten aber nicht oberste Priorität. Am größten sei der Wunsch nach einem gemütlichen Daheim. Gemütlich heißt, dass man sich in seinem Umfeld wohlfühlt, weil man es kennt. Viele alte Menschen wohnen seit Jahrzehnten am selben Ort. Auch wenn sich dieser Ort stark entwickelt hat und sie die neuen Nachbarn gar nicht mehr kennen: Der Ort bleibt ihre Heimat, die sie je länger, je weniger verlassen möchten. Das erklärt, warum alte Menschen viele Unannehmlichkeiten, Einschränkungen und Einsamkeit in Kauf nehmen, um in ihrem trauten Heim bleiben zu können.

Ich glaube, es ist diese Mischung aus Gleichbleibendem und sich Veränderndem, die das traute Heim auf die Dauer so attraktiv macht. Kein noch so gutes Wohnprojekt kann diese Mischung von Anfang an bieten. Was immer man auch macht: Die tolle Siedlung, die man entwickelt, hat mindestens in ihren Anfängen immer den Geschmack von Wohngemeinschaft oder Pfadfinderlager. Viel guter Wille, aber wenig Möglichkeit für eine gutmütige Form von Gleichgültigkeit, die es erlauben würde, in Gesellschaft allein zu sein. Der Gemeinschaftsgeist drückt aus allen Fugen der Wohnanlage. Das aber ist nicht jedermanns Sache. Das «traute Heim» ist nicht einfach das Klischee der vollgestellten Wohnung, in der es leicht müffelt und die schweren Vorhänge nur wenig Licht hereinlassen. Dieses Klischee dient vielleicht auch dazu, den Umzug in das helle freundliche Einzelzimmer der Alterswohnanlage «Sonnenschein» zur tollen Alternative zu verklären.

Platz zu haben, eine schöne Aussicht vielleicht und eine Nachbarschaft, in der man sich wohlfühlt: Das sind verständlicherweise Dinge, die man nicht freiwillig aufgibt. Niemand zieht gern mit neunzig nach sechzig Jahren im «trauten Heim» um in die Alters-WG einer Neubausiedlung. Aber das Dilemma bleibt: Je länger wir warten, umso schwieriger wird ein Wechsel.

Mir leuchtet diese Logik nicht ein. Wenn man an einen Ort muss, wohin man nicht will, warum sollte man den Augenblick nicht so lange wie möglich herauszögern?

Weil man es auch umgekehrt betrachten kann: Je früher man einen Ort sucht, der fürs Alter geeignet ist, desto größer ist die Chance, dass man etwas findet, wo man sich wohlfühlt und dann auch bleiben kann.

Wie altersgerecht sind altersgerechte Wohnformen?
Neue Modelle fürs Wohnen im Alter sind ein großes Thema und werden auch bereits umgesetzt: In Neubausiedlungen baut man altersgerechte Wohnungen mit Lift und ebenerdigen Duschen; immer häufiger werden solche Siedlungen als Quartiere «der kurzen Wege» konzipiert, wo man auf kleinem Raum Geschäfte, Dienstleistungsangebote und Erholungsräume findet. Die Durchmischung der Generationen wird propagiert, es entstehen innovative Cluster-Studiowohnungen oder «Generationenhäuser» mit gemeinsamer Wohnküche. Zwar kommen die neuen Angebote gut an, es besteht also durchaus eine Nachfrage nach altersgerechten Wohnformen. Aber Tatsache ist, dass die Mehrheit der alten Menschen nach wie vor am liebsten dort bleibt, wo sie ist, und es gerne so hat wie immer. Wird unsere Generation, die sich die neuen Wohnmodelle ausdenkt, morgen anders ticken und tatsächlich rechtzeitig in eine altersgerechte Umgebung umziehen? Wird altersgerechtes Wohnen im Alter irgendwann Standard?

Des Rätsels Lösung liegt vielleicht tatsächlich darin, dass man generell so baut und wohnen kann, dass man im Alter gar nicht erst umziehen muss. Man könnte mit dreißig in eine solche Wohnung einziehen, vielleicht Kinder kriegen, dann wird es eine Zeit lang etwas eng und unordentlich; wenn dann die Kinder aber ausgezogen sind, hat man wieder mehr Platz inmitten des Krams, der sich angesammelt hat. Das Problem, das sich hierbei jedoch auftut, insbesondere bei Genossenschaften, heißt Unterbelegung. Man gönnt den Menschen zwar ihre alte vertraute Umgebung: Aber wenn die Kinder ausgezogen und der Mann und die Katze gestorben sind, dann ist die Wohnung für eine Person allein viel zu groß. «Och», sagt die alte Dame, «nö, passt schon.» «Öhm, Ihnen vielleicht, aber uns nicht», sagt die Genossenschaft. Alte Menschen behindern den ökologischen, familienpolitischen und sozialen Fortschritt.

In Genossenschaften, jedenfalls in derjenigen, in der ich wohne, folgt der Wohnungswechsel einer Logik, die mir einleuchtet: Als junges Paar wohnt man in einer kleinen Wohnung; wenn Kinder kommen, zieht man in eine größere und nachdem diese ausgezogen sind, wechselt man wieder in eine kleinere Wohnung, wo man dann aber auch bleiben kann, wenn man zuletzt alleine zurückbleibt. Der Wechsel der Wohnsituation und die räumliche Verkleinerung finden also sehr früh statt und zu einem Zeitpunkt, an dem sich die Lebenssituation ohnehin ändert. Dadurch fällt einem die Veränderung leichter und erscheint als einigermaßen natürlich. Das Problem von Genossenschaften ist eher, dass sie in ihren alten Gebäuden oft keine altersgerechten Wohnungen haben. Aber das Modell, dass man bereits mit fünfzig oder sechzig von der großen Familienwohnung in eine kleinere zieht, scheint mir besser, als mit achtzig festzustellen, dass ich mir meine Fünfzimmerwohnung, in der ich seit vierzig Jahren wohne, nicht mehr leisten kann, weil sie zum Beispiel saniert wird.

Ich stelle ja nur fest, dass es offenbar akzeptable Wohnwünsche gibt – im Quartier bleiben! – und dysfunktionale wie die Verwurzelung in einer großen Wohnung, in der man genug Platz hat für seinen geliebten Nippes, die Kunstsammlung, die Modelleisenbahn, die Bibliothek, die ausgestopften Tiere oder was auch immer. Ich sehe natürlich ebenfalls, dass jeder zusätzliche Quadratmeter zusätzlich kostet. Mit anderen Worten: Wohnen ist nicht nur nicht kostenlos, sondern auch nicht wertfrei. Selbst im falschen Leben scheint es immerhin richtiges Wohnen geben zu können.

Vielleicht sind wir auch einfach in einer Übergangszeit. Die neuen Angebote altersgerechter Wohnformen kommen wie gesagt gut an, nur werden sie eher von fitten Rentnern als von ganz alten Leuten in Anspruch genommen. Vielleicht altert tatsächlich eine Generation heran, die mobiler und veränderungslustiger ist als die vorhergehende.

Das ist ja auch regional unterschiedlich. In manchen Gegenden und Ländern hängt man mehr an der Scholle als in anderen, und wer als Spezialistin für irgendwas jahrzehntelang aus dem Rollkoffer gelebt hat, wird wahrscheinlich auch im Alter räumlich flexibler sein. Solche Unterschiede zeigen, dass man nicht von Universallösungen beim Alterswohnen träumen sollte. Abgesehen von sehr sinnvollen Normierungen, die jede Wohnung beispielsweise rollstuhlgängig machen. Die sonstigen Wünsche bleiben heterogen. Mich deprimieren «Gemeinschaftsräume»; andere finden dort genau die Geselligkeit, die sie gern haben. Warum allen das gleiche Rezept verordnen?

Sogar wenn es für jeden einzelnen das passende Modell gäbe: Die Kunst besteht darin, sich dafür zu entscheiden, solange man noch die Wahl hat. Aber wann ist der richtige Moment? In meiner Nachbarschaft wurden kürzlich Alterswohnungen totalsaniert. Auf dem Vermarktungsplakat wurden sie als «Wohnraum für alle ab sechzig» angepriesen. Das heißt, Sie wären die Zielgruppe.

Wieviele Quadratmeter?

Es gibt dort auch große Wohnungen.

Dann pack ich also mal die Umzugskisten.

Ich kenne niemanden, der oder die in Ihrem Alter in eine solche Alterswohnung ziehen würde. Wahrscheinlich ist das nur ein Marketingtrick, damit sich die Achtzigjährigen damit anfreunden können.

Wir wohnen im vierten Stock. Das wird noch eine Weile gut gehen; aber ich fühlte mich heute schon wohler, wenn ich die Aussicht hätte, bald in eine Wohnung ziehen zu können, in der ich prinzipiell bis zum Schluss leben und die ich auch bis dahin bezahlen könnte. Das Altersgerechte an dieser Wohnung sollte jedoch nicht dadurch erkauft sein, dass ich meine Bibliothek in die Mulde werfen und den Großteil meiner Möbel für einen symbolischen Euro auf Ricardo verschenken müsste. Dann wären da noch die Bilder an der Wand. Es wäre schön, wenn es sich dabei nur um Kunstdrucke aus der IKEA handelte. Und jetzt höre ich wieder ALLE: Schöne Sorgen hat der feine Herr! Statistisch betrachtet sind das eher ungewöhnliche Sorgen und Wünsche. Aber wenn man in ein Restaurant geht, bekommt man auch eine Speisekarte und nicht sogleich das Essen vorgesetzt, das 76 Prozent aller Gäste mögen.

Ich halte Ihre Wünsche weder für ungewöhnlich noch für überheblich. Aber sie sind unrealistisch. Wenn Sie nicht mehr vier Stockwerke hochlaufen können, müssen Sie ihre Bibliothek und die Möbel verscherbeln. Sie können hoffen, dass Sie mit neunzig immer noch die Treppe raufhüpfen oder sterben, bevor sie es nicht mehr können. Sie könnten aber auch in den nächsten Jahren etwas suchen, wo Sie denjenigen Teil ihrer Bibliothek behalten können, der Ihnen wirklich am Herzen liegt.

Oder ich sterbe auf der Treppe, von einem dicken Buch erschlagen. Aber ja, ich habe die Botschaft verstanden. Sie ist ja auch völlig vernünftig.

Sie haben natürlich recht: Vernünftige Botschaften sind in der Umsetzung nicht immer für alle vernünftig und vor allem nicht so einfach, wie sie klingen. Viele in meinem Umfeld sagen zum Beispiel, dass sie nach der Pensionierung oder etwas später in eine Alters-WG mit Freunden oder in ein Generationenhaus ziehen möchten. Es gibt auch heute schon Beispiele dafür, die gut funktionieren. Allerdings wird es meistens schwierig, wenn sich die Zusammensetzung ändert, weil jemand stirbt oder pflegebedürftig wird. Solche Veränderungen werden mit zunehmendem Alter häufiger; gleichzeitig fällt es einem immer schwerer, sich auf wechselnde Konstellationen einzustellen.

Besonders schwierig wird es dann, wenn das Wohnen nach familiären Mustern gestaltet wird, also so, dass es nicht ein freundliches Aneinander-Vorbeileben gibt, sondern ein ständiges Aufeinander-bezogen-Sein. Das ist auch das, was einem irgendwann das Zusammenleben in einer WG verleidet, wenn es einen nämlich beispielsweise trifft, dass die Mitbe-

wohnerin einen neuen Freund hat, wo man den alten doch so viel lieber mochte.

Fassen wir zusammen: Es gibt vernünftige Ansätze und Überlegungen, wie wir uns mit einer geeigneten Wohnsituation das Leben im Alter erleichtern können. Aber wir tun uns – verständlicherweise – schwer damit.

*Meine These lautet eben: Das liegt daran, dass es dieses WIR nicht gibt, jedenfalls nicht so, wie manche Planer*innen sich das vorstellen. Alter ist zwar durchaus eine soziologische Kategorie, aber doch nur eine sehr weiche. Man muss sich auf die Diversität der Wünsche alter Menschen einstellen. Alles andere ist Bevormundung.*

Viele sogenannt altersgerechte Wohnformen stoßen zudem just dann an ihre Grenzen, wenn man sie am meisten nötig hätte: nämlich, wenn Menschen pflegebedürftig werden. Zwar gibt es auch dafür neue Konzepte, etwa Alterswohnungen mit Service-Dienstleistungen nach Bedarf, mit integrierter Spitex und anderem. Aber spätestens, wenn jemand dement wird, reicht auch das nicht mehr. Bei manchen Angeboten gibt es direkt vor Ort eine angeschlossene Pflegeabteilung, was den Wechsel zum Heimleben vielleicht weniger entwurzelnd, aber dennoch einschneidend macht. Eine Alternative zum Heimbetrieb, die als zukunftsweisend gepriesen wird, sind Pflegewohngruppen, in denen man WG-ähnlich mit 24-Stunden-Betreuung wohnt. Das Konzept leuchtet mir theoretisch ein: Ziel ist, so viel Selbstständigkeit und Individualität wie nur möglich zu erhalten. Andererseits wird es mir mulmig bei der Vorstellung, so zu leben: in einer ziemlich persönlichen Atmosphäre, aber mit fremden Menschen. Ich frage mich, ob man da im Altersheim dank einer gewissen

Anonymität des hotelähnlichen Betriebs nicht mehr Privatsphäre hat und – falls man darauf noch Lust hat – ein größeres Angebot an Aktivitäten.

Wenn ich einen Butler hätte wie Anthony Hopkins in «The Remains of the Day», hätte ich nichts gegen eine solche Vertrautheit; aber die Verhältnisse werden wohl nicht so sein. Das Hotel-Modell würde mir wahrscheinlich auch besser liegen. Es fällt schwer, aber man muss sich im Pflegefall wohl darauf einstellen, dass man sehr viel Intimität mit Menschen teilt, die man sich nicht ausgesucht hat und denen man doch vertrauen muss. Dann ist man wieder in der Situation des Kindes, das auch lernen muss, wie es sich die Erwachsenen möglichst unauffällig gefügig macht. Man muss charmieren und bitten, manchmal energisch werden; aber was immer man tut, man bleibt in einer abhängigen Lage.

Früher lebten die Generationen einer Familie zusammen, alterten und starben in dieser ihnen vertrauten Konstellation. Ist das der verloren gegangene Idealfall, zu dem wir zurückkehren sollten?

Das wäre ein schauerliches «Ballenberg», oder?

Wir könnten ewig weiterdiskutieren: Welche Beispiele und Varianten wir uns auch konkret vor Augen führen, wirklich glücklich werden wir damit nicht. Liegt das in der Natur der Sache oder müssen wir weitersuchen, bis wir die Wohnform gefunden haben, in der wir glücklich alt werden und sterben?

Wohnen ist ein ständig weiterlaufendes soziales Feldexperiment. Und Experimente sind nur dann gut (im Sinne der Produktion von neuen Erkenntnissen oder Erfahrungen), wenn man einerseits das Ergebnis nicht schon voraussetzt und andererseits Fehler zu interpretieren lernt und dann zu vermeiden versucht.

Wahrscheinlich liegt der innere Widerstand vieler Menschen gegenüber allen guten und gutgemeinten Konzepten daran, dass sie grundsätzlich nicht Alterswohnen möchten – so wie sie nicht an Senioren-Kinoabende möchten, sondern einfach ins Kino.

Mindestens sollte es nicht ein, sondern viele Modelle von Alterswohnen geben – und zwar Modelle, denen man ihren Modellcharakter möglichst wenig anmerkt. Also zum Beispiel eine Form von Durchmischung, bei der nicht an jeder Ecke «Durchmischung» draufsteht. Wohnformen, die so funktionieren, wie Karl Kraus sich städtisches Leben gewünscht hat: «Asphalt, Straßenspülung, Haustorschlüssel, Luftheizung, Warmwasserleitung. Gemütlich bin ich selbst.» Oder inaktiv. Oder aktiv. Oder eigenbrötlerisch. Oder eine Betriebsnudel. Ich will auch im Alter einfach nur wohnen, und zwar so, dass ich nicht ständig darauf hingewiesen werde, dass ich jetzt «durchmischt alterswohne».

Hommage ans Alter

Leicht ist es nicht

Beim Älterwerden werden wir mit lauter unlösbaren Widersprüchen konfrontiert: Wir müssen uns intensiver um unsere Gesundheit kümmern und werden trotzdem kränker. Wir sind weniger produktiv und abends dennoch todmüde. Wir sollen uns mit neuen Wohnformen anfreunden und unser Leben vielleicht sogar mit wildfremden Menschen verbringen, obwohl wir den Rest unseres Lebens am liebsten ohne Veränderung in der vertrauten Umgebung verbringen möchten.

Wie gesagt, das «Wir», das Sie gerade in Anschlag bringen, ist nicht unproblematisch. Vielleicht kümmern sich auch nur die einen immer mehr um ihre Gesundheit (und bleiben deshalb auch gesünder), und die anderen werden halt kränker. Wenn man Gruppen als einheitliche Gebilde auffasst, konstruiert man künstliche Widersprüche. Dann schimpft man über die Jugendlichen, die am Freitag fürs Klima demonstrieren, während sie gleichzeitig auf die Malediven fliegen. Aber vielleicht demonstriert Lara (17) am Freitag und Luca (18) fliegt in die Südsee. Was die beiden verbindet, ist das Alter, aber nicht das Engagement für das Klima. Was mich angeht, möchte ich keineswegs ohne Veränderungen weiterleben und ich bin auch durchaus flexibel, ich möchte nur die mir zugedachte Flexibilität nicht.

Ich meinte etwas anderes. Wenn Sie oder ich Arthrose im Knie haben, können wir zwar mit viel Physiotherapie etwas dagegen tun, aber langfristig wird das Knie trotzdem schlechter.

Aber ich kann nicht mit meiner Physiotherapie etwas für IHR Knie tun.

Ihre Botschaft ist angekommen. Aber nochmals: Es ist anstrengend, alt zu werden, weil man sich in vielen Dingen mehr abmühen muss – ich mit dem Knie, Sie mit der Gicht –, dabei aber mäßige Erfolgschancen hat.

Sie meinen, Altwerden ist eine Art schleichende (oder manchmal auch weniger schleichende) Eingewöhnung in einen Behindertenstatus.

Endlich.

Das stimmt. Ein kaputter Lift an einem Provinzbahnhof ist eine Zumutung, ja eine Katastrophe, wenn man keine Treppen mehr steigen kann oder für die Treppe zehnmal so lange braucht wie ein junger Mensch.

Mühsam sind auch viele Entscheidungen, die uns abverlangt werden, weil keine der Optionen verheißungsvoll ist. Soll ich die strapaziöse Hüftoperation mit ungewissen Erfolgsaussichten auf mich nehmen oder meine letzten fünf, vielleicht aber auch fünfzehn Lebensjahre mit großen Schmerzen leben? Sollen Sie so lange wie möglich in Ihrer großen Altbauwohnung ohne Lift bleiben – mit dem Risiko, dass Sie irgendwann unfreiwillig ins Heim müssen? Oder sollen Sie mit siebzig in eine kleine, aber ebenso teure Alterswohnung in eine fremde Umgebung ziehen?

Das ist der Punkt. Man hängt nicht unbedingt am Alten, weil man so furchtbar unflexibel ist, sondern weil die Alternativen nicht attraktiv sind. Natürlich muss man oftmals der Not ge-

horchen, aber warum sollte man darob auch noch glücklich und zufrieden sein?

Niemals reif fürs Alter

Was mich am Älterwerden irritiert: Die äußerlichen Zeichen des Verfalls vermitteln den Eindruck, dass die Endlichkeit etwas ganz Natürliches ist und darum so selbstverständlich zu ertragen sein sollte, wie die Tatsache, dass man als Kind wächst und irgendwann erwachsen ist. Als Jugendliche hatte ich immer die Vorstellung, irgendwann sei man im Leben reif zum Altsein.

Das ist auch nicht falsch. Ich finde es wie gesagt inzwischen cool, mein Alter als Argument zu gebrauchen, wenn ich irgendetwas nicht (mehr) tun möchte. So wie es früher praktisch war, sagen zu können, ich würde ja gerne, aber wissen Sie, mit einem kleinen Kind zu Hause ... Natürlich war man oft mit einem kleinen Kind tatsächlich eingeschränkt; und natürlich gibt es die echten Einschränkungen im Alter. Allerdings lebt man auch in der Jugend nicht ohne Einschränkungen. Man kann vielleicht leichter mit dem Rucksack reisen, kann sich dafür aber auch nur Absteigen leisten, für die man sich nicht entschieden hätte, wenn man mehr Geld gehabt hätte. Oder man wohnt in einer WG mit Leuten, die man nicht innig liebt, dafür hat man andere Freiheiten. Im Alter macht man dann ähnliche Rechnungen. Der Unterschied ist, dass die Zukunft keine Befreiung von den Einschränkungen verspricht, sondern mehr Einschränkungen.

Dann sind Sie einer Meinung mit dem deutschen Philosophen und Ratgeberautor Wilhelm Schmid, der den Alterungsprozess als «stimmig» beschreibt, als einen Prozess, der mit einem «aus großer Müdigkeit erwachsenen Tod» endet? Früher dachte ich auch, der äußerlich natürliche Lauf der Dinge sei gewiss an einen ebenso natürlichen inneren Prozess gekoppelt. Diese Vorstellung hilft in jüngeren Jahren, die Angst vor dem Tod zu bändigen und kein schlechtes Gewissen gegenüber jenen zu haben, die ihm bereits nahestehen. Heute glaube ich nicht, dass man reif wird fürs Alter und den Tod. Beides passiert einem einfach.

Ganz und gar nicht bin ich einer Meinung mit Schmid, der ein ziemlich verkitschtes Bild des Alters zeichnet. Ich will nur sagen, dass das Alter nicht immer und nicht in allen seinen Phasen nach dem Verlustmodell verläuft. Das kann ich natürlich auch sagen, weil ich eben nicht der sportliche junge Mann war, der merkt, dass er nicht mehr so schwere Gewichte stemmen kann. Ich wäre nie auf die Idee gekommen, Gewichte zu stemmen – insofern ist es mir wurscht, ob meine diesbezüglichen Kräfte nachlassen, solange ich noch zwei normalschwere Migrossäcke tragen kann. Aber «natürlich» ist daran gar nichts.

Ich malte mir ebenfalls aus, im Alter werde alles einfacher, weil man dann dermaßen lebenserfahren und weise wäre, dass einen die Garstigkeiten des Lebens nicht mehr umhauen. Inzwischen habe ich festgestellt, dass die Zeit der absoluten Leichtigkeit nie kommen wird. Manches wird zwar tatsächlich leichter. Aber jedes Mal, wenn ich glaube, durchatmen zu können, kommen zwei neue Herausforderungen. Eine Freundin, die zwanzig Jahre älter ist als ich, findet, dass vieles sogar eher schwieriger wird, weil man weniger Energie hat, auch von alltäglichen Dingen überfordert ist und vor allem: weil man nicht etwa dick-, sondern dünnhäutiger werde. Besonders letzteres stelle ich bereits heute fest und finde es ungemein anstrengend.

Ich stelle beides an mir fest: die gewachsene Gelassenheit, aber auch eine wachsende Genervtheit über Dinge, bei denen ich eben denke: Ich bin zu alt für so einen Scheiß. Beides hängt aber auch irgendwie zusammen. Die Gelassenheit – oder wie immer man das nennen will, Gelassenheit klingt ziemlich prätentiös – sorgt auch dafür, dass man vieles kritischer sieht. Man bekommt einen Abstand zu vielem, und aus dieser Distanz heraus werden die alltäglichen Zumutungen erst sichtbar.

Massaker oder Erleuchtung?
Altern ist kein Quell der Freude. Wir haben tausend Themen angesprochen, die das illustrieren, und würden tausend weitere finden, die es bekräftigen. Darum mal ganz plakativ: Auf einer Skala von 1 bis 10 – wie schlimm ist es?

Die Aussichten sind eher mies, es gibt keinen Grund, sich darauf zu freuen, endlich neunzig zu werden; die momentanen Erfahrungen sind ziemlich gut, mir ging es selten besser. Also 1 bis 10.

Der Diskurs übers Älterwerden mag keine solchen Schattierungen. Im Wesentlichen gibt es zwei Stoßrichtungen, die das Alter entweder mit acht plus oder unter null bewerten. Vertreter der Acht-plus-Fraktion tun so, als wäre das Älterwerden trotz oder gerade wegen der damit verbundenen Garstigkeiten eine Chance. Ein Verkünder dieser Botschaft ist der vorhin erwähnte Alltagsphilosoph Wilhelm Schmid. Sein Buch ‹Gelassenheit. Was wir gewinnen, wenn wir älter werden› führt in zehn Schritten in die «Kunst des Älterwerdens» ein und schildert das Altern «als Lernprojekt bis zuletzt». Ein Rezensent des Buchs, der Autor Günter Franzen, nimmt in der FAZ die Gegenposition ein: Er bezeichnet

Schmid als Weichzeichner und seine Inhalte als «zusammengerührten Pudding». Er selbst halte sich beim Thema Alter an Philip Roth beziehungsweise an den Kommentar von dessen Protagonisten aus ‹Jedermann›: «Das Alter ist ein Massaker.» Wem geben Sie recht?

Keinem von beiden. Obwohl meine Präferenz klar ist. Ich halte Schmid für einen philosophischen Kitschbruder und Roth für einen großen Schriftsteller. Die Kategorie «Alter» scheint mir in beiden Fällen schlicht zu undifferenziert betrachtet: Es gibt Aspekte, die sind vielleicht wirklich massakermäßig, dort, wo das Alter mit schlimmen Krankheiten und Leiden verbunden ist. Dann gibt diese Momente der Gelassenheit, die im Alter wirklich sehr cool sein können.

Offensichtlich sind Kitsch oder Sarkasmus die einfachsten Mittel, um des Themas habhaft zu werden. Schmid macht uns den Wert «bescheidener Lüste» schmackhaft, wie etwa, dem Gesang der Amsel im Frühling zuzuhören oder sehr bewusst an einem guten Espresso zu nippen. In der schwindenden Bedeutung von Sex erkennt er eine Chance für entspannte Freundschaften zwischen den Geschlechtern. Seinen letzten Tag malt er sich als normalen Alltag aus – «wie ich ihn liebe»: Meditation, Tageszeitung, Besuch im Lieblingscafé, «eine letzte Männermahlzeit» mit dem jüngsten Sohn und so weiter und so fort, bis zu den letzten bedeutsamen Worten im Bett mit der Frau «seines Lebens» vor dem Einschlafen. Sein Rezensent Franzen schildert den pechschwarzen Gegenentwurf: «Ich lebe in einer Dachwohnung im Norden Frankfurts mit freiem Blick auf Taunus und Wetterau. Wenn ich es irgendwann nicht mehr schaffe, in den dritten Stock zu kommen, werde ich einen ebenerdigen Raum im nahe gelegenen Wiesenhüttenstift beziehen. Sollte es meinem

Alter Ego Wilhelm Schmid im Rahmen einer Lesetournee gefallen, in dieser Endlagerstätte abzusteigen, sollte er sich hüten, mich und die anderen Eingeschlossenen mit einem Zitat seines Gewährsmanns Blaise Pascal zu traktieren: ‹Das ganze Unglück der Menschen rührt allein daher, dass sie nicht ruhig in einem Zimmer zu bleiben vermögen.› »

Es gibt tausend Bücher mit Gesundheitstipps und Lobliedern aufs Alter, die uns weismachen wollen, mit den passenden Hausmittelchen und der richtigen Einstellung sei Älterwerden das Beste, was einem passieren kann. Auf der anderen Seite posieren die Widersacher, die sich über dieses Lager mokieren und gerne mit einem Glas guten Rotweins in der Hand ihre Abscheu gegenüber dem Alter kundtun. Dazwischen herrscht gähnende Leere.

Gähnend vielleicht – aber Sie wollen uns beide doch nicht einfach als «Leere» titulieren, oder?

Was wir tatsächlich gewinnen

Als ich vor ein paar Jahren nach einer längeren Thailand-Reise wieder durch die Zürcher Bahnhofstrasse ging, kam mir der Alltag hier surreal vor: die geschäftigen Menschen, die gestylte Straße mit den drapierten Schaufensterauslagen, die Werbeplakate mit den jungen Frauen, die Jahrzehnte nach der dritten Welle der Frauenbewegung immer noch mit halboffenem Mund, gespreizten Beinen und hohlem Kreuz posieren. Ähnlich ging es mir, als mein Vater starb: Die Dinge, die uns tagaus, tagein umgeben oder beschäftigen, erschienen mir bedeutungslos. Seither überkommt mich dieses Gefühl immer mal wieder. Es ist keine moralische Entrüstung über die westliche Konsumwelt oder auch keine Verbitterung darüber, dass man im Leben Dingen hinterherrennt, die im Grunde keine große Rolle spielen, oder sich Probleme macht, die keine sind.

Mein Gefühl ist eher ein befreiendes Staunen darüber, dass ich manches nicht mehr so ernst nehmen muss wie der Rest der Welt. Sie haben es bereits ein paar Mal formuliert: Es ist ein Privileg, sagen zu können: «Für diesen Scheiß bin ich zu alt.» Vielleicht werden wir in diesem Sinne eben doch altersweise.

Das meine ich. Ich kann viele Aufregungen nicht mehr nachvollziehen. Und die Konsumwelt kommt mir viel fremder vor als früher. Nicht, weil ich Konsum schlimm finde – da habe ich dieselbe entspannte Haltung wie Sie. Ich habe immer gerne schöne Dinge gehabt und sie mir gerne gekauft und mich immer darüber gefreut, wenn ich sie mir leisten konnte. Nur sehe ich jetzt immer die andere Seite: das Zuviel; das Zeug, das in unserer Wohnung viel zu viel Platz verbraucht. Inzwischen denke ich, dass ich die Kleider einfach mal auftrage, wie das früher hieß. Das versöhnt mich ein wenig mit den vielen Sachen um mich herum.

Früher beschäftigte es mich, was beruflich noch aus mir werden könnte oder sollte. Nun löst sich meine berufliche Zukunft langsam in Luft auf, was ich nicht als bedrohlich, sondern eher als Erleichterung empfinde. Ich mag meine Arbeit, aber der Druck, was weiß ich zu werden oder zu erreichen, ist weg. Ich bin auch nicht traurig darüber, dass ich keine steile Karriere gemacht habe, weil sich die Bedeutung einer solchen Karriere gegen Ende des Berufslebens relativiert: Als Rentner ist man in erster Linie Rentner. Ob man davor Chefärztin oder Pflegerin war, spielt, abgesehen von der finanziellen Dimension, keine große Rolle mehr.

Ich bin ja noch näher am Berufsende als Sie, und ich sehe dem auch mit Erleichterung entgegen. Ich sehne mich nach freien Tagen, die einen nicht mit Sorge erfüllen, weil es eigentlich noch einen Stapel von Arbeit gibt, der erledigt werden müsste.

Auch in meiner Beziehung zu meinem Mann bin ich entspannter als beispielsweise meine Töchter mit ihren Freunden. Es gibt eine Art von Vertrauen und Vertrautheit, die Kleinlichkeiten, Eifersucht, Abgrenzungskämpfe oder Verlustängste in den Hintergrund gestellt hat. Das, was mich mit meinem Mann verbindet, ist wichtiger und präsenter geworden, als das, was uns im Alltag trennt. Wenn ich mich beim Nörgeln ertappe, finde ich das sehr schnell doof und höre damit auf.

Dito. Manchmal sind meine Frau und ich geradezu die Karikatur eines zueinander freundlichen älteren Paares. Aber eine schöne.

Allerdings entwickeln sich nicht alle Beziehungen in Richtung Harmonie. Manche Paare entzweit zum Beispiel das Erwachsenwerden der Kinder oder die Pensionierung. Ich habe selbst schon ältere Paare erlebt, die ihren gemeinsamen Alltag hauptsächlich mit gegenseitigen Nörgeleien und Gehässigkeiten verbringen. Kommt das davon, dass manche Menschen, wie es immer heißt, aufs Alter hin ‹böse› werden? Möglicherweise zeigt sich im Alter auch einfach deutlicher, ob die Beziehung funktioniert oder nicht, weil man mehr Zeit miteinander verbringt. Davor bot der überfüllte Alltag viele Ausweichmöglichkeiten.

Ich glaube, es ist letzteres. Ich kann mir nicht vorstellen, dass ein Paar, das es über Jahrzehnte gut miteinander gehabt hat, sich plötzlich in eine nörgelnde und stichelnde Zweierkiste verwandelt. Es kann sein, dass der eine oder die andere im Alter vielleicht gereizter wird, weil er oder sie zum Beispiel von Schmerzen geplagt ist. Es kann aber auch sein, dass man mit abnehmendem Alltagsstress milder und freundlicher miteinander umgeht als während der Jahre der Berufstätigkeit.

Vielleicht brauchen manche Leute das Nörgeln auch und sind auf ihre Art «ein Herz und eine Seele».

Das Phänomen der Verbundenheit im Nörgeln kennt man von Walter Matthau und Jack Lemon als «Odd Couple». Im Film ist das amüsant; in der Realität wahrscheinlich weniger.

Ein weiterer Gewinn: Ich fühle mich generell freier, anders zu gewichten, und – da muss ich Herrn Schmid sogar recht geben – ich genieße manche kleinen Dinge tatsächlich bewusster als in jungen Jahren, als sie mir oft gar nicht aufgefallen sind. Zum Beispiel messe ich beim Joggen nicht meine Performance, sondern schaue Häuser, Bäume, Straßennamen, Vögel oder den Abendhimmel an und freue mich, wenn ich spüre, dass mein Serotonin-Spiegel steigt. Ich hetze etwas weniger durchs Leben und – jetzt werden die Parallelen zu Schmid unverkennbar – ich freue mich morgens auf einen guten Cappuccino oder besser zwei, am liebsten aus kolumbianischem Kaffee, weil mich das an meine Reise in dieses wunderbare Land erinnert. Offensichtlich verirrt man sich leicht im Weichspülgang, wenn man dem Alter etwas abgewinnen möchte. Allerdings erlebe ich die angenehmen Seiten des Alterns nicht mit der bedeutungsschwangeren Sülze eines Schmid. Ich merke einfach, dass Freud und Leid sich verschieben und verändern, wenn man älter wird, und dass das auch seine guten Seiten hat.

Das ist kein Weichspülgang. Sondern nur der Beweis, dass Altern nicht nur aus Verlusten besteht. Das entwertet nicht, was man in den jungen Jahren ungeheuer aufregend fand (was es auch war). Aber manches ist wirklich ein Gewinn, so wie es für ein Kind ein Gewinn sein wird, von der Flaschennahrung wegzukommen und irgendwann bei den Austern mit einem Chablis oder der Schweinshaxe mit einem Bier angekommen zu sein.

Mehr Gelassenheit in gewissen Lebenssituationen ist ein angenehmes Altersprivileg. Wahrscheinlich ist das mit ein Grund, warum viele Menschen gemäß Glücksforschung mit zunehmendem Alter erst einmal zufriedener werden. Man sollte daraus aber keinen Tiefsinn und schon gar keine Ideologie spinnen. Es ist nicht unwichtig, für welche Schule sich mein 13-jähriger Sohn entscheidet, nur weil er mit 53 wissen wird, dass das im Nachhinein gar nicht so wichtig war. Die Zweifel und Sorgen meiner erwachsenen Töchter, was ihre berufliche Zukunft oder ihre Beziehungen angeht, sind nicht unberechtigt, nur weil dreißig Jahre später andere Dinge wichtiger sind. Ich sage ihnen zwar ab und zu, um ihren Stress zu mildern, dass die Prüfung, die sie in der Schule gerade verhauen haben, oder das Elitegeschwätz an den Hochschulen aufs ganze Leben gesehen keine Bedeutung haben. Aber mir ist auch klar, dass diese Dinge dort, wo sie im Leben gerade stehen, durchaus eine Rolle spielen und ihre Gefühlswelt prägen. Man kann ja nicht sein Leben lang neben dem eigenen Leben stehen und sagen: Was mich gerade umtreibt, ist im Grunde unwichtig.

Man kann sein Leben nicht vom Ende her leben. Das wäre eine sehr triste Angelegenheit, sich immer sub specie aeternitas zu sagen, dass angesichts unserer Sterblichkeit doch alles eitel und unwichtig ist. Während man lebt, ist man nicht der Biograph seines eigentlich schon verstorbenen Selbsts. Die Rückblicks-Perspektive, die einen heiter stimmen kann, weil man feststellt, wie unwichtig manches ist, dass man einmal für ganz wichtig hielt, kann man nicht als Leitlinie für die Zukunft brauchen. Man weiß, dass es völlig unwichtig ist, wer beim Jassen gewinnt. Jassen macht aber nur dann Spaß, wenn alle dies während des Spiels gerade nicht unwichtig finden, sondern unbedingt gewinnen wollen ...

Es ist auch im Alter traurig, wenn man nur noch neben dem Leben steht und über die Welt und alles, was die Jüngeren beschäftigt, den Kopf schüttelt. Ob das vor lauter Gelassenheit geschieht, weil man endlich die wahren Werte im Leben erkannt zu haben glaubt, ob man sich von den Zumutungen des Alters aus dem Leben geworfen fühlt oder ob man aus Trotz zum Wutmenschen mutiert: Ein Leben ohne die Banalitäten und den Unsinn des Alltags ist blutleer.

Man kann es mit der Abgeklärtheit nämlich auch übertreiben. Dann darf man sich nicht wundern, wenn die anderen Leute das nicht weise, sondern mühsam finden, so wie einen Jasspartner, der einem ununterbrochen erklärt, dass das Ganze ja nur ein Spiel ist. Man entwertet mit zu viel Abgeklärtheit das Leben, das man lebt. So wie man es sich und anderen mit zu viel Verbissenheit und zu heiligem Ernst eben auch zu einer Strapaze machen kann.

Der Gewinn an Gelassenheit oder Gleichmut ist letztlich eine Flucht nach vorne: Angesichts der unvermeidbaren Übel des Alterns und der Aussicht auf den Tod verschieben wir unsere Prioritäten. Warum sollten wir uns über die Systematik beim Einräumen des Geschirrspülers zanken oder den Kopf über den nächsten Karriereschritt zerbrechen, wenn uns eine frühzeitige Zwangspensionierung mit 59 droht oder wir damit rechnen müssen, dass wir in absehbarer Zeit die Treppe zu unserer Wohnung nicht mehr hochkommen.

Es gibt aber auch das Umgekehrte: Man verdrängt die großen Sorgen, indem man die kleinen Probleme zu ihrer Abwehr einsetzt. Man verbeißt sich in die Kleinigkeiten, überstrukturiert den Alltag, um das große Chaos auszublenden, vor dem man Angst hat, dass es einen erwartet.

Vertreter*innen der Massaker-Ideologie würden sagen: Das Gute, das wir dem Alter abzugewinnen versuchen, ist reine Augenwischerei zur Beschönigung des Unerträglichen. Das mag sein, ist aber wurst. Wir haben die Zumutungen und Sonderbarkeiten des Alterns in diesem Buch ausführlich diskutiert. Jungbleiben ist keine Lösung, und das Alter wird kein Ponyhof. Aber deswegen muss ich doch nicht verbittert oder zynisch vor mich hinmodern. Jahre- oder gar jahrzehntelang das Ende zu zelebrieren, ist unsinnig – im Guten wie im Schlechten.

Außerdem ist man in der Regel beim Altern glücklicherweise nicht völlig allein. Die wenigsten altern einsam vor sich hin, und wenn, dann ist die Einsamkeit und nicht das Altern das Problem. Wir altern unter Gleichaltrigen, mit Älteren, aber auch mit Jüngeren. Altern ist in diesem Sinn ein sozialer Vorgang. Den Prozess des Alterns erleiden wir passiv, jedoch innerhalb eines sozialen Gefüges.

Hommage an die wirklich Alten

Der Literaturkritiker Paul Jandl hat im Feuilleton der NZZ einen kurzen Essay zum Alter publiziert, den er mit folgendem Satz einleitet: «Mit dem Alter ist es so eine Sache. Die längste Zeit ist man jung und alt zugleich, aber dann kann es schnell gehen.» Wir schreiben ein Buch übers Älterwerden, obwohl wir potenziell noch Jahrzehnte vor uns haben. Das Altern beschäftigt einen fast das halbe Leben lang, für viele ist es schon mit vierzig ein Thema, für die meisten spätestens mit fünfzig. Es wird einem bewusst, dass das Leben fragiler wird, dass die Zukunft und ihr Potenzial schrumpfen. Aber das Alter bleibt abstrakt, solange es noch viele gibt, die deutlich älter sind: die wirklich Alten. Sind das die Fünfundsiebzigjährigen oder erst die Neunzigjährigen? Jedenfalls kommt die Zeit, in der aus den Jahrzehnten, die uns laut Statistik bevorstehen, Jahre werden, möglicherweise nur noch wenige, vielleicht aber auch mehr, als wir uns vorstellen. Eines Tages haben wir das Alter der durchschnittlichen Lebenserwartung erreicht und gehören definitiv zu den ältesten noch lebenden Menschen. Die Zukunft liegt hinter uns – das Leben geht nicht mehr vorwärts, sondern drückt auf die Repeat-Taste, weil hinter der Vorwärtstaste der Tod wartet. Ein Zustand, der allerdings wiederum Jahre oder gar Jahrzehnte dauern kann.

Es gibt eine schöne Passage bei Freud in ‹Eine Kindheitserinnerung des Leonard da Vinci›, in der er die rückwärtsgewandte Sicht der Erwachsenen mit der radikal «futuristischen» Sicht des Kindes vergleicht und die Illusion einer seligen Kindheit entlarvt: «Wenn der Erwachsene seiner Kindheit gedenkt, so erscheint sie ihm als eine glückliche Zeit, in der man sich des Augenblicks freute und wunschlos der Zukunft entgegenging, und darum beneidet er die Kinder.

Aber die Kinder selbst, wenn sie darüber Auskunft geben könnten, würden wahrscheinlich anderes berichten. Es scheint, dass die Kindheit nicht jenes selige Idyll ist, zu dem wir es nachträglich entstellen, dass die Kinder vielmehr von dem einen Wunsch, groß zu werden, es den Erwachsenen gleich zu tun, durch die Jahre der Kindheit gepeitscht werden.» Er schreibt: «gepeitscht»! Ich finde diese Sicht sehr realistisch. Sie ist dem pädagogischen Mantra, dass man Kinder Kinder sein lassen muss, völlig entgegengesetzt. Selbstverständlich sind Kinder keine Erwachsenen, und dem muss man Rechnung tragen. Ebenso sehr muss man aber bedenken, dass die Kinder selbst mit diesem Konstrukt einer in sich ruhenden Kindheit gar nichts anfangen können. Vielleicht passt es eher zum höheren Alter, dass man nicht mehr durch das Leben «gepeitscht» wird, dass man eine Gegenwartsbezogenheit erreicht, die man als Ideal der Kindheit zuschreibt. Aber ich fürchte, so einfach ist es mit dem Alters-Hier-und-Jetzt auch nicht. Dazu hält die Zukunft doch zu viele Sorgen und Beschwerden für einen parat; sie ist kein Versprechen (wie für die Kinder), sondern eine Bedrohung.

Mein Bild mit der Repeat-Taste war falsch. Das Leben geht weiter, einfach in anderen, kleineren Einheiten und mit mehr oder weniger begrenzten Möglichkeiten. Ich sehe alte Menschen auf der Straße, in Parks, an Anlässen oder in meinem persönlichen Umfeld. Sie sind 80, 85 oder auch über 90. Da ist das Paar, das im Tram die Programmbroschüre eines Theaters studiert. Da sind meine Tante und mein über neunzigjähriger Onkel, die an einem Tag durch die halbe Schweiz reisen, um ein Museum zu besuchen, und auf dem Rückweg bei mir vorbeischauen. Da ist die Nachbarin, die kaum mehr die Treppe zu ihrer Wohnung hochkommt, sich aber bei schönem Wetter fünfzig Meter von ihrem Haus entfernt auf eine Bank setzt und dem Quartiertreiben zuschaut. Da ist die Bekannte, deren Mann vor acht Jahren nach vierzig Jahren Ehe gestorben ist: Sie hat vor kurzem einen neuen Partner kennengelernt, mit dem sie jede Woche tanzen geht. Da ist mein Schwiegervater, der mit 83 seine nächste Kongo-Reise plant. Da ist meine unermüdliche Mutter, die müder geworden ist, aber mit ihrem jüngeren Lebenspartner nach wie vor auf eine griechische Insel oder an eine Literaturtagung nach London reist. Sie hat den Dauerstress ihres früheren Lebens hinter sich gelassen. An schönen Tagen macht sie ausgedehnte Spaziergänge durch die Rebberge und die Wälder am Jurasüdfüss. Da sind die vielen alten Menschen, denen ich weniger häufig begegne, seit meine Großeltern und mein Vater gestorben sind. Sie sind krank, pflegebedürftig oder dement. Manche schaffen es noch mit dem Rollator in einen Bus, andere streifen durch die Stadt, klingeln zum Beispiel an fremden Wohnungstüren und fragen nach ihrer Schwester, die vor Jahrzehnten als junge Frau gestorben ist. Die Mehrheit dieser Menschen verschwindet von der Bildfläche; ihre Welt reduziert sich auf die eigenen vier Wände oder häufiger aufs Alters- oder Pflegeheim. Sie leben ihr Leben so zu Ende, wie es halt nicht anders geht, und man wünschte ihnen und uns selbst, dass es anders, besser ginge.

Diese verschiedenen biographischen Schnipsel sollten uns daran erinnern, kein abstraktes Ideal des richtigen Alterns zu entwerfen – so wie beispielsweise im Stile der Schmidschen «Lebenssattheit». In einem einzigen alten Leben gibt es eine mal mehr, mal weniger geschäftige Zufriedenheit neben Zukunftssorgen. Man nähert sich mit der Annäherung an das Lebensende nicht asymptotisch der Abgeklärtheit.

Anders als Babys oder Kleinkinder am Anfang ihres Lebens genießen die alten Menschen am Ende keine besondere Anerkennung; die Welt, so scheint es, dreht sich ohne sie. Während der Arbeit an diesem Buch hat sich mir der abgedroschene Spruch «Ehret das Alter» neu erschlossen. Was alte Menschen tagtäglich leisten, verdient großen Respekt: Sie sind gesundheitlich eingeschränkt – ohne Hoffnung auf Besserung; sie leben ohne Zukunftsträume, denn vor ihnen liegt der Tod. Sie verlieren die Menschen, die ihnen am nächsten stehen – ihren Mann oder ihre Frau, ihre besten Freund*innen –, was nicht einmal mehr ein Schicksalsschlag, sondern quasi normal ist. Salopp ausgedrückt: Es ist krass, was man im Alter leisten und ertragen muss, ohne Aussicht auf Erfolg und ohne dass man dafür Anerkennung erhält.

Auch die nachträgliche Anerkennung für das geleistete Leben hält sich in Grenzen. Immerhin ist es schön, wenn die Nachkommen etwas zu erben haben. Eigentlich ist die Anerkennung sehr ökonomisch motiviert. Alte Lebensleistung bringt nichts außer Stillstand, wenn sie nicht neu investiert wird: als Vorschusskapital, «venture capital», für die, die noch nichts getan haben, außer Zukunftsphantasien zu wecken. Babys sind die Start-ups der Generationenökonomie.

Manche alte Menschen wirken in ihrer letzten Lebensphase erstaunlich zufrieden. Sie verbringen ihren Alltag ihren Möglichkeiten entsprechend, lesen Zeitung oder verfolgen das Tagesgeschehen und die gesellschaftlichen Entwicklungen am Fernsehen, obwohl sie nicht mehr daran teilhaben. Sie freuen sich über kleine Dinge, etwa den täglichen Besuch der Spitex oder wenn die Enkelin wieder mal vorbeikommt.

Wie die Kinder, die angeblich so sehr an den kleinen Dingen des Lebens Freude haben. Jeder, der Kinder kennt, weiß, dass das nicht stimmt. Kinder sind schier unersättlich in ihrem Drang, neue Erfahrungen zu machen. Man denkt gerne an die Kinder, die den Weg zum Kindergarten vertrödeln, weil sie hier eine Schnecke und dort einen schönen Stein entdecken. Man vergisst nur darüber, dass kein Kind meditativ zwei Stunden bei einer Schnecke verweilt, sondern von der einen kurzen Sensation zur nächsten eilt – allerdings nicht zum Kindergarten.

Ich bewundere alte Menschen, die das Leben unerschütterlich wertschätzen, obwohl es ihnen immer weniger zu bieten hat. Eine deutlich jüngere Freundin hat dazu gemeint, vielleicht könne man es dann erst recht wertschätzen. Es habe ja auch etwas Befreiendes, wenn kein Druck, keine Verpflichtungen, keine Selbstzweifel oder keine Konkurrenzkämpfe mehr da seien. Nicht, dass ich in die Pastelltöne der Altersschönfärberei geraten möchte: Aber vielleicht gilt das Zuwachsmodell trotz all der Verluste eben doch sogar fürs hohe Alter noch. Man lebt und liebt das Leben sozusagen pur, nur um des Lebens willen, ohne den Ballast, der einen sonst umtreibt.

Das passiert, wenn es einem gelingt, die Illusion der «seligen» Kindheit partiell in die Realität des Alters zu überführen.

Die Lebensweisheit, man solle jeden Tag so leben, als wäre es der letzte, wird im Alter allerdings ad absurdum geführt: wenn tatsächlich jeder Tag der letzte oder vorletzte sein könnte und gleichzeitig keine großen Sprünge mehr möglich sind und keine Träume mehr erfüllt werden können. An diesen letzten Tagen geht es nicht darum, Bucketlists abzuhaken.

Man macht keine Weltreise mehr, erklimmt keine Berggipfel, findet keine neue große Liebe – und schreibt wahrscheinlich keine Bücher mehr. Im Alter steht man auf, obwohl man Schmerzen hat; man besucht ein Theaterfestival, obwohl man das nächste vielleicht nicht mehr erleben wird; man muss sich damit abfinden, dass das Essen immer nach Kantine schmeckt, weil man nicht mehr selber kochen oder ins Restaurant gehen kann. Am Ende des Lebens ist die Kunst nicht, so zu leben, als wäre jeder Tag der letzte. Dann ist es eine große Kunst, jeden der letzten Tage so zu leben, als wäre er einer von vielen, als säße einem nicht das Ende im Nacken.

Diese Aufforderung, jeden Tag zu leben, als sei es der letzte, ist reinster Kitsch, wenn nicht gar zynisch. Nähme man sie wörtlich, sollte man sich ab einem gewissen Alter in ein Spitalbett legen, zehn verschiedene Medikamente schlucken und sich nachts an die Sauerstoffversorgung und einen Herzmonitor anschließen. Weit vernünftiger scheint es mir, wie Sie sagen, so zu leben, als wäre der jeweilige Tag eben nicht der letzte.

P.S. Glücklich alt werden

Vor vielen Jahren sah ich mal eine Aufführung des bekannten amerikanischen ‹Young@Heart-Chorus›, dessen Sänger zwischen 68 und 94 Jahre alt waren. Als sich am Ende der Show alle einzeln verbeugten, wurde jeweils ein Jugendbild der betreffenden Person auf eine Riesenleinwand projiziert. Das hat mich sehr berührt. Es ist unerhört, wie stark sich die Konturen der Menschen im Alter verformen und auflösen. Die Sängerin oder der Sänger auf der Bühne und der junge Mensch auf der Leinwand sahen aus wie zwei verschiedene Personen – und doch spürte man irgendwie, dass sie ein und dieselbe waren.

Aber eben doch auch nicht dieselben. Das nennt man Geschichte: Kontinuität verbunden mit Veränderung.

Die alten Leute schmissen das mitreißende Programm «Road to heaven» mit Rock- und Popklassikern, und obwohl die Laienkünstler*innen dem Himmel zum Teil schon sehr nahe waren, schienen sie mitten im Leben zu stehen. «I'm still standing», singt auch Elton John. Ein Rezept fürs Alter?

Wenn man statt «still standing» nicht still liegen will, bleibt einem wohl nichts anderes übrig.

Es ist wie mit Rezepten beim Kochen: Man wählt jenes aus, das einem schmeckt, und die Geschmäcker sind bekanntlich verschieden. Ich kann leider nicht singen wie die Alten von ‹Young@Heart›. Aber ich tanze leidenschaftlich gerne. Nicht, dass ich mit zwanzig exzessiv durch die Clubs getanzt wäre. Oder dass ich im Feuer der Wechseljahre ein neues Hobby entdeckt hätte. Ich habe gar nicht mal so viel getanzt in meinem Leben. Aber jedesmal, wenn ich die Gelegenheit dazu habe, macht es mich glücklich. Darum hoffe ich, dass es solche Gelegenheiten auch noch geben wird, wenn anstelle meiner heute jugendlichen Kinder meine Enkelkinder halb erfreut, halb kopfschüttelnd mitmachen. Oder beide Parteien. Oder – falls ich selber nicht mehr tanzen kann – ich schaue ihnen dabei zu und hüpfe innerlich und in den Fingerspitzen mit.

Besser Schmetterlinge im Bauch als Würmer im Darm.

Ich habe keine Hobbys, mag keine Jassgruppen und bin wahrscheinlich auch nicht für Altersvereine gemacht. Aber ich mag Menschen und ich mag das Leben. Ich möchte so lange wie möglich so gut als möglich leben und mit den Menschen, die mir wichtig sind, Dinge erleben, die mir oder ihnen gefallen. So abgedroschen es klingen mag: Lebendig zu bleiben erscheint mir weitaus erstrebenswerter als vorzeitig mit dem Sterben anzufangen. Damit meine ich nicht, dass ich mein Altern ausblenden und den Tod verdrängen möchte. Beides wird mir durchaus mit jedem Jahr bewusster und mir ist auch klar, dass beides mein Befinden massiv beeinträchtigen kann. Der Tod geschieht uns wie die Geburt. Aber so wenig wie wir ein halbes Leben lang geboren werden, so wenig möchte ich das halbe Leben lang sterben. Das Alter umfasst viele Lebensphasen, und was davor war, mit zwanzig oder vierzig, war auch nicht immer das Gelbe vom Ei. Dem Leben Heiterkeit abzutrotzen ist für mich kein schlechtes Rezept, auch wenn es mir nicht immer gelungen ist. Wie gedenken Sie, glücklich alt zu werden?

Ich schließe mich vollständig Ihren Plänen an. Der Unterschied zwischen uns ist höchstens, dass bei mir diese Pläne teils schon Gegenwart geworden sind oder eine ziemlich konkrete Zukunft betreffen. Mit über sechzig kann man wohl sagen, dass man bereits alt geworden ist. Bis jetzt bin ich recht zufrieden mit dieser Ära des älteren Herrn. Ich fühle mich dabei allerdings nicht lebenssatt, wohl aber zufriedener als in manchen Jahren, wenngleich auch nicht sorglos und unbekümmert. Mein Blick auf die Welt ist weder gleichgültig noch verklärt geworden, wohl aber sachlicher, vielleicht auch genauer; oder sagen wir: angereicherter, weniger engstirnig.

«It's possible to grow old without growing boring», lautet die Devise des ‹Young@Heart-Chorus›. Es gibt unzählige sogenannt «geflügelte Worte» übers Alter. Viele sind aufbauend, ebenso viele vernichtend. Bleiben wir fürs letzte Kapitel bei den aufbauenden: «So wie nicht jeder Wein mit dem Alter sauer wird, so wird auch nicht bei jedem Menschen das Alter sauer», ließ Cicero im letzten Jahrhundert v.Chr. seine Figur des römischen Zensors Cato sagen.

Wie wahr, wie wahr!

Franz Kafka, angeblich, vor über hundert Jahren: «Jeder, der sich die Fähigkeit erhält, Schönes zu erkennen, wird nie alt werden.»

Gibt's das auch auf einer Kaffeetasse aus dem Kafka-Souvenir-Shop?

Marie-Louise Kaschnitz in ‹Orte›, 1973: «Das Alter ist für mich kein Kerker, sondern ein Balkon, von dem man zugleich weiter und genauer sieht.» Das ist doch ganz in Ihrem Sinne.

Was es allerdings auch nicht weniger platt macht.

Zum Schluss noch eine Indianerweisheit, sie soll von einem Häuptling der Shawnee namens Tecumseh stammen: «Es ist für mich nicht wichtig, wie alt du bist. Ich möchte wissen, ob du es riskierst, wie ein Narr auszusehen, um deiner Liebe willen, um deiner Träume willen und für das Abenteuer des Lebendigseins.» Klingt doch schön, auch wenn es mehr eine Sehnsucht als das wahre Leben beschreibt.

Ich finde, das klingt entsetzlich. So ähnlich wie «Träume nicht dein Leben, sondern lebe Deinen Traum», den ein Twitterer mal das Arschgeweih unter den Lebensmaximen genannt hat. Man sollte am besten auch beim Altern den Ball flach halten. Das betrifft auch dieses grauenvolle «in Würde altern». Das ist eine so allgemeine Beschreibung, unter die praktisch kein konkreter «Lebensvollzug» (oder weniger pathetisch: kein alltägliches Verhalten) zu subsumieren ist. Oder kennen Sie jemanden, der von sich sagen würde: Wow, gestern bin ich ja wieder sowas von würdig gealtert.

Zugegeben, die meisten Sinnsprüche sind pathetisch, aus dem Zusammenhang gerissen und untauglich für den Alltag. Aber nicht alles davon ist so platt wie «Lebe deinen Traum». Ich mag eine Portion Pathos im Leben, auch und gerade im Alter. Es ist mit solchen Sätzen wie mit dem Tanzen: Man kann sich darin verlieren und Glückshormone ausschütten. Gibt es denn keine Lebensweisheiten, die Sie berühren?

Auf meiner Uni-Website habe ich ein Foucault-Zitat als Lieblingsmotto angegeben: «Don't feel that it is necessary to know exactly what I am. The main interest in life and work is to become someone else that you were not in the beginning».

Das ist auch ordentlich altersweise. Und wie halten Sie es mit dem Tanzen?

Ich kann noch ein bisschen Tango von früher, Valse musette, auch linksdrehend, und ich bin die geborene Disco-Queen-Senioren-Tunte: «The Eye of the Tiger», «Gasoline» und «I will survive»!

«THIS THE END ...» (The Doors)

Ebenfalls bei Zytglogge erschienen

Andrea Schafroth/Peter Schneider
Cool down
Wider den Erziehungswahn
ISBN 978-3-7296-0807-8

«Eltern werden heute nicht nur von ihren Kindern auf Trab gehalten. Der öffentliche Diskurs zur Erziehung überschüttet sie mit Anforderungen und Forderungen, mit Fragen und Antworten. Auch wir werfen viele Fragen auf. Die Antworten darauf erlösen Eltern weder von ihren Problemen noch erteilen sie ihnen Absolution. Aber sie ermutigen alle, sich ein Stück weit vom Machbarkeitsdiktat zu lösen.»

Andrea Schafroth

«Wie kommt es dazu, dass man sich über alle noch so gegensätzlichen Befunde, wie Kinder sind und wie sie zu sein haben, was man dafür unbedingt tun und was man gefälligst lassen soll, so erstaunlich einig darin ist, dass unsere Gesellschaft sich in einem akuten Erziehungsnotstand befindet? Unser Plädoyer für eine erzieherische Abrüstung basiert also auf nichts anderem als auf dem Versuch, die Motive der gegenwärtigen pädagogischen Aufrüstung zu verstehen.»

Peter Schneider

Foto: Viola Schafroth

Foto: Dominique Meienberg

Andrea Schafroth

Geb. 1967 in Biel, hat an der Universität Zürich Spanisch und Germanistik studiert. Sie hat 20 Jahre lang als Journalistin und Redaktorin u.a. für ‹Tages-Anzeiger› und ‹NZZ› gearbeitet, sich insbesondere mit Gesellschaftsfragen beschäftigt und ist Co-Autorin des Erziehungsbuchs ‹Cool down – wider den Erziehungswahn›. Seit 2010 ist sie Mitinhaberin der Agentur ‹s2r – schafroth.rijks.rigutto gmbh›, die auf Partizipation und Kommunikation im Städtebau spezialisiert ist. Sie lebt mit ihrem Partner in Zürich und hat drei Kinder.

Peter Schneider

Geb. 1957 in Dorsten, lebt seit 1983 in Zürich und arbeitet dort als Psychoanalytiker sowie als Kolumnist (SRF3, ‹Sonntagszeitung›, ‹Tages-Anzeiger› und ‹Bund›). Er war Professor für Entwicklungs-Psychologie an der Uni Bremen. Seit 2014 ist er PD für klinische Psychologie an der Uni Zürich und seit 2017 Lecturer for History and Epistemology of Psychoanalysis an der IPU in Berlin. Er ist Autor zahlreicher Bücher, zuletzt erschien von ihm ‹Normal, gestört und verrückt. Über psychiatrische Diagnosen›.